AF297053

LIBRE

PHILOSOPHIE

R

OUVRAGES DU MÊME AUTEUR.

Philosophie de Voltaire, extraite de ses meilleurs écrits sur Dieu, la liberté et la morale. 1 vol. in-18. (Ladrange.)

Étude générale sur le XVIIIe siècle. 1 vol. in-18. (Durand.)

Mesmer et le magnétisme animal. 3e édition. 1 vol. in-18. (Hachette.)

Essais de philosophie et de morale. 2 vol. in-18. (Didier.)

Morale et politique. 1 vol. in-8° et in-18. (Didier.)

Paris. — Imprimerie de E. MARTINET, rue Mignon, 2.

LIBRE

PHILOSOPHIE

PAR

ERNEST BERSOT

Membre de l'Institut.

BIBLIOTHÈQUE IMPÉRIALE

PARIS

GERMER BAILLIÈRE, LIBRAIRE-ÉDITEUR

Rue de l'École-de-Médecine, 17.

Londres | **New-York**

Hipp. Baillière, 219, Regent street. | Baillière brothers, 440, Broadway.

MADRID, C. BAILLY-BAILLIÈRE, PLAZA DEL PRINCIPE ALFONSO, 16.

1868

Tous droits réservés.

TABLE DES MATIÈRES

AVERTISSEMENT

Il y a déjà longtemps que je prépare ce petit livre, on en connaît des parties détachées ; le voici en entier ; il est ce que son titre indique : une invitation à philosopher et à philosopher librement. Je voudrais faire des amis à la philosophie et à celle que j'aime le plus, au spiritualisme. N'ayant pas la prétention de rien apprendre aux hommes dont j'ai partagé l'étude, je voudrais ramener le goût de cette science chez de plus jeunes, qui ne l'ont connue que lorsqu'elle n'était plus elle-même, alors qu'elle a dû se faire bien petite, pour qu'on lui pardonnât d'exister. Quelques-uns d'entre eux, en se remettant à la philosophie, ont adopté d'abord les doctrines les plus excessives : ils ont pensé qu'en allant aux extrêmes, ils allaient au bout de la science ; ils ont professé l'athéisme et le matérialisme, au grand scandale du public, et l'on a cru qu'ils étaient toute la jeunesse. C'était, il me semble, une grave erreur : on n'entend que ceux qui parlent, et surtout l'on n'entend que ceux qui crient. Toujours est-il qu'ils· n'ont pas la main heureuse : apôtres de la justice et de la liberté, prêts à souffrir pour elles, ils ont choisi une philosophie qui ne peut admettre ni la justice ni la liberté. Enfin, appelons-les comme il leur plaît qu'on les appelle ; mais, pour les autres, soyons discrets. On abuse de ces mots d'athée et de matérialiste : ce sont les mots courants, ou si l'on veut, les communes douceurs de la polémique religieuse; il n'y a pas d'honnête homme qui ne soit exposé à être appelé ainsi. Nous n'y voyons pas d'inconvénient, car ces noms ne font aucun mal à ceux qui les reçoivent, et il paraît que ceux qui les donnent y trouvent un grand plaisir; mais il est permis de le leur laisser. Nous le leur laisserons. Pour nous, l'athée est celui qui nie l'infini: quiconque cherche Dieu n'est pas athée; le matérialiste est celui qui raille les idées et les sentiments élevés, et le matérialisme est la doctrine philosophique qui lui donne raison.

Nous ne découvrons rien de pareil dans la jeunesse actuelle : elle n'est ni athée ni matérialiste, elle est positive. En science, elle ne se fie qu'à l'expérience, qu'elle sait longue et difficile. En science sociale, elle n'est pas utopiste, et elle a du penchant pour l'économie politique. En politique, elle ne croit plus à la vertu absolue des formes de gouvernement ; elle va au fond, elle est libérale : elle repousse l'omnipotence de l'État et réclame pour le citoyen le droit de se mouvoir et d'agir, livrant chacun à lui-même. A l'égard des nations étrangères, elle a une haute opinion de son pays ; nous sommes assuré qu'elle ne reculerait pas pour le défendre, et, à l'occasion, elle est blessée dans son patriotisme ; mais elle n'a plus les antiques jalousies d'où le chauvinisme est né ; d'ailleurs elle ne pense plus que la gloire militaire soit tout et n'estime pas qu'elle vaille le prix dont on la paye ; elle est en outre occupée, en ce moment, à examiner la légende napoléonienne : elle fait connaissance avec l'homme, avec

son orgueil, son égoïsme et sa cruauté. En religion et en philosophie, elle est critique; un trait
qui la sépare, comme par des siècles, de la génération précédente, c'est qu'elle doute sans souffrir.
En morale, elle veut connaître la vie; dans les
romans, elle ne recherche pas l'imagination et
l'idéal, mais la réalité sans pitié; pour les vers, elle
est curieuse de toutes les formes; elle sait que la
poésie n'est pas vraie, elle s'en amuse au lieu de
s'en enivrer, comme aux belles années de La-
martine, de Victor Hugo, de George Sand, d'Al-
fred de Musset; de celui-ci elle n'a guère pris que
la volupté. Ainsi elle n'a pas de maître, personne
ne la conduit, aucune opinion, aucun nom, aucun
homme; elle n'appartient qu'à elle-même; elle est
très-réservée, très-dépouillée, comme on dit, et
un peu dure, ne craignant que d'être dupe et
n'étant dupe que de cette crainte, qui l'empêche
de suivre naïvement le charmant instinct de son
âge vers tout ce qui est généreux. On n'est pas
dupe parce que l'on croit; pour notre compte,
nous n'avons pas à nous en repentir. Philosophes,
spiritualistes et libéraux, nous avons vu périr la

liberté, la philosophie humiliée, le spiritualisme
discrédité; il y a eu de pénibles moments, lorsque, renonçant à tout pour nous-mêmes, à rien
pour notre pays, nous interrogions nos enfants et
qu'ils semblaient ne plus nous comprendre. Dieu
merci, ces temps s'éloignent : la liberté revient,
la philosophie revient aussi; le spiritualisme re-
viendra. Qu'importe alors que nous ayons passé !
Nous aurons, du moins, passé avec honneur :
nous aurons gardé la lampe à laquelle le feu se
rallume, nous aurons été les témoins de la foi.
Nous sommes ensevelis avant l'heure, par la rigueur du sort; mais dans la terre et la nuit qui
nous pressent, nous avons le visage tourné vers
l'Orient.

Versailles, mars 1868.

LIBRE PHILOSOPHIE

I

ANTÉCÉDENTS DE LA PHILOSOPHIE ACTUELLE.

Il s'est fait dans la philosophie, depuis quelques années, un mouvement qu'on ne saurait contester. Est-il bon, est-il mauvais? On discute là-dessus ; mais si on veut l'expliquer, il paraît utile de remonter un peu plus haut, et il nous a semblé que nous pouvions raconter rapidement cette impartiale histoire.

Qu'on veuille bien faire avec nous une importante distinction. A chaque époque, la philosophie se partage en philosophie d'école et en philosophie du dehors. La philosophie d'école est une philosophie pacifique : elle est assez restreinte dans les colléges et se donne plus ou moins carrière dans les Facultés et les livres; mais, quelque

part qu'elle soit, elle s'impose une grande réserve : elle
ne touche ni à la religion, ni à la politique, et, dans son
domaine même, elle s'abstient de certaines questions élevées et délicates où elle risquerait de heurter la foi ; elle
a toujours, dans ses démarches, un certain caractère offi-
ciel. Au contraire, la philosophie du dehors, entièrement
libre d'allures, aime à s'occuper de politique et de religion, et les questions qui la tentent davantage sont justement celles que la foi résout, et sur lesquelles la curiosité
humaine est le plus éveillée. On conçoit que l'une ou
l'autre de ces deux philosophies doit dominer à une certaine époque, et qu'il est intéressant de rechercher les
causes qui procurent à l'une ou à l'autre les faveurs ou
les disgrâces.

Sous l'Empire et sous la Restauration, du moins jusqu'aux cinq dernières années, il ne se produit guère
qu'une philosophie d'école. Celle des colléges a une assez
médiocre existence, telle qu'elle ne saurait exciter aucun
ombrage : enseignée en latin, elle n'est qu'une amplifi-
cation oratoire ou une démonstration convenue de vérités
admises, un exercice scolaire et scolastique, une espèce
de théologie laïque ; ajoutez que le cours était dicté, appris par cœur, professé en majorité par des prêtres ou
de purs humanistes, qui avaient la religion de la forme et
auraient repoussé comme une tentation l'idée d'aller re-

garder au fond des choses. Les leçons de Royer-Collard et de Laromiguière, à la Sorbonne, sont des études approfondies de certaines parties des cours de collége ; elles sont destinées à s'y verser un jour sans en rompre le cadre et sans en altérer le caractère. Tandis que l'école suivait son paisible chemin, la philosophie du dehors était militante : les derniers fidèles du XVIIIe siècle reproduisaient Voltaire, Rousseau et l'*Encyclopédie*, Voltaire surtout, dont la Restauration vit naître d'innombrables éditions ; cependant, à côté d'eux naissait une nouvelle génération de philosophes, jeunes comme le XIXe siècle, et qui avaient ce qu'il faut pour s'en faire écouter. Cette jeune philosophie était dans le mouvement, en politique et en religion ; le *Globe*, publié en 1824, marquait nettement cette tendance. Le 15 janvier 1825, M. Jouffroy y donnait une sorte de prospectus philosophique, sous le titre : *De la Sorbonne et des philosophes*, et, quatre mois plus tard, le fameux article : *Comment les dogmes finissent*. Le cours de M. Cousin, en 1828, était enflammé de l'esprit libéral ; quant à la religion, on remarqua, comme il était juste, et on l'a rappelée bien des fois depuis, la phrase où l'on crut entendre que la philosophie aspirait à remplacer la religion. La même année, M. Damiron recueillait les articles du *Globe*, pour en faire l'*Essai sur l'histoire de la philosophie en France au* XIXe *siècle*, dont la partie la

plus saillante était la réfutation de MM. de Bonald, de
Maistre et La Mennais. M. Pierre Leroux collaborait avec
nos philosophes dans le journal fondé par M. Dubois.

La révolution de 1830 arriva, qui commença un nouvel ordre de choses. La jeune philosophie était victo-
rieuse; mais bientôt les vainqueurs se divisèrent en deux
partis : il y eut une philosophie conservatrice et une philosophie novatrice; l'une acceptait la royauté et la religion
établies et désirait être reconnue comme elles; l'autre
n'acceptait ni cette royauté ni cette religion et leur dé-
clarait la guerre; il se forma ainsi comme une philosophie
de gouvernement et une philosophie d'opposition; M. Cousin, étant dans la première, en était naturellement le chef.
Sous son impulsion, l'école se ranima. Dans les colléges il
fut permis à la philosophie de parler en français, c'est-à-
dire il lui fut permis de vivre ; un concours spécial lui
fournit un personnel choisi exprès pour elle, parmi les
esprits d'une vocation reconnue. Mais cette vie nouvelle
infusée dans l'enseignement fut réglée : il fut convenu
que ce qu'on enseignerait à la jeunesse, ce serait le spiritualisme, la grande tradition religieuse et morale sur laquelle l'humanité vit, et qu'on se bornerait au spiritualisme essentiel, sans curiosités ni subtilités; en même
temps on comprenait que le spiritualisme ne tiendrait
guère s'il n'était qu'une leçon de collége récitée par des

écoliers ; qu'avant de jeter les jeunes gens dans le monde, il fallait leur montrer ce que c'est que ce monde, les doctrines contraires qui se le disputent, et former leur esprit à reconnaître le vrai. Pour donner un modèle de cet enseignement, M. Cousin remaniait sans fin ses anciennes leçons, jusqu'à ce qu'il les achevât dans son volume : *Du Vrai, du Beau et du Bien*. Il donnait aussi la plus vive impulsion à l'histoire de la philosophie, que ses travaux et les travaux suscités par lui ont entièrement renouvelée. Le haut enseignement et la haute administration s'étaient également emparés de MM. Jouffroy, Dubois et Damiron, et eux-mêmes s'imposaient la discrétion que ces fonctions exigent. M. Jouffroy ne publia pas de son vivant le morceau qui renfermait une page admirable de sa confession religieuse, et M. Damiron, en le publiant, par respect pour la mémoire et les volontés de l'auteur, eut besoin de tout son courage contre lui-même et contre de plus prudents amis. Pendant une dizaine d'années, l'école ainsi organisée eut pour elle l'armée des jeunes professeurs répandus dans les Facultés et les colléges, la faveur des familles, de l'Institut, du pouvoir et du clergé ; la philosophie du dehors avait pour chef un rédacteur du *Globe*, M. Pierre Leroux. Toujours préoccupée de politique et de religion, et en quête d'une politique et d'une religion nouvelles, descendant dans les entrailles de la société pour en saisir les mouvements obscurs, les frémissements inquiets, ou montant sur les hauteurs pour observer la marche de l'humanité, elle procédait un peu au hasard, avec des succès très-divers ; la *Revue encyclopédique* échouait, l'*Encyclopédie nouvelle*, fondée par MM. Pierre Leroux et Jean Reynaud, après un certain nombre de livraisons qui auraient dû lui mériter un meilleur sort, restait interrompue ; la *Revue indépendante* persistait, le livre *de l'Humanité*, de M. Pierre Leroux, s'il avait des obscurités, avait aussi des clartés qui frappèrent bien des personnes, et il inspirait le *Spiridion* de George Sand ; mais, par-dessus tout, ce parti avait produit les *Paroles d'un croyant*, de La Mennais, et son *Esquisse d'une philosophie*. Au public encore restreint qui lisait l'*Esquisse d'une philosophie*, s'ajoutait tout un public nouveau pour lire les *Paroles d'un croyant*, et ce public était toute la France. Ce livre, démocratique s'il en fut, d'un homme qu'on savait libre penseur, bien plus, adversaire du catholicisme, après en avoir été le prêtre et le plus éminent, ce livre fondait une mystérieuse alliance entre la démocratie et une certaine philosophie proscrite. N'oublions pas la traduction de la *Vie de Jésus*, de Strauss, donnée, en 1840, par M. Littré.

Ainsi s'était refaite la profonde séparation entre les deux philosophies, celle de l'école et celle du dehors. Pendant

dix ans la seconde brava la première; la question de la
liberté d'enseignement survint, qui éclata en 1843 et con-
fondit leurs intérêts. La liberté d'enseignement était un
droit, on pouvait la réclamer au nom du droit; on pré-
féra accuser le corps enseignant, et on le fit avec l'art et
la ténacité qui caractérisent ce parti. Pour prouver qu'on
avait besoin d'écoles libres, on s'attacha à prouver que
celles de l'Université étaient détestables; on les appela des
« écoles de pestilence »; l'effort se porta surtout contre
la philosophie alors en crédit, contre ses colléges et ses
ouvrages. La philosophie libre releva le défi : la parole in-
cisive de M. Michelet, la parole de feu de M. Quinet, sou-
levèrent l'auditoire du collége de France et passèrent dans
des livres qui portèrent cette sensation dans tout le pays.
Quant à la philosophie d'enseignement, l'attaque produisit
sur elle deux effets différents : elle rendit les timides plus
timides, et les hardis plus hardis, ce qui était tout avantage pour l'agression; car, ou bien la philosophie se ré-
duisait à infiniment peu de chose et perdait sa dignité et
son attrait, ou elle se révoltait et se compromettait par sa
révolte, justifiant les accusations qu'on avait portées contre
elle. De cette sorte, épiée par ses ennemis, mal vue par
les autorités, qui craignaient qu'elle ne leur fît des affaires, elle a eu, jusqu'en 1848, quelques années d'une
existence très-difficile. Comme on devait l'espérer, sa

fierté l'emporta : au mois de décembre 1847, plusieurs hommes, à la tête desquels était M. Amédée Jacques, mort récemment à l'étranger, créèrent une Revue, *la Liberté de penser*, qui osa philosopher avec indépendance, et marqua nettement sa sympathie pour l'opposition d'alors. La révolution de Février souleva des questions qui divisèrent ses rédacteurs, ce qui était aisé dans un temps où chacun était divisé avec soi-même ; la Revue disparut au coup d'État. Comme on le voit, à ce moment la philosophie d'école et la philosophie du dehors s'étaient donné la main ; elles s'abîmèrent toutes les deux dans la terrible réaction qui suivit les journées de Juin et l'épreuve défavorable de la république : tout ce qui ressemblait à une idée était suspect ; à ce titre, la philosophie méritait d'être persécutée, elle le fut. La philosophie du dehors, compromise par ses alliances avec le socialisme, n'osait plus parler ; la philosophie de l'école fut aussi sacrifiée, parce qu'elle s'appelait la philosophie : le corps de ses professeurs fut dissous ; il ne lui fut plus permis qu'un enseignement misérable, qui ne portait même plus son nom ; les puissances conservatrices, la religion et l'autorité, se la partagèrent : elle servit à cimenter une amitié qui méritait de durer davantage.

On put croire un moment que c'en était fait de la philosophie ; mais les réactions passent et la France reste :

lorsque, revenue de l'évanouissement où la peur l'avait jetée, la France se reprit à penser, elle redemanda la philosophie. Pour la contenter, on restaura l'école ; restait la philosophie du dehors, qu'un vague instinct agitait. Les esprits avides de mouvement, désirant, comme c'est naturel, se rattacher à la tradition de 1830, cherchèrent les hommes qui avaient alors le plus marqué ; ils ne les trouvèrent pas tous de leur côté, et ils en trouvèrent même du côté contraire, avec un grand déplaisir. M. Cousin était toujours de ceux qui étaient le plus en vue, parce que toutes ses paroles et toutes ses démarches avaient de l'éclat ; on crut voir qu'on ne s'entendait plus avec lui ; que, sur les questions les plus sensibles, on n'avait ni mêmes opinions, ni mêmes ennemis, ni mêmes amis ; de là à son égard une extrême irritabilité, qui se reporta sur sa philosophie. Plusieurs faits d'ailleurs s'étaient passés qui rendaient difficile la pure reconstitution de la philosophie d'école. L'histoire de la philosophie, dans tous les chemins qu'elle avait pris, avait rencontré nécessairement la religion ; si la critique française conservait encore des scrupules, la critique allemande, si libre dans ses recherches, s'introduisait chez nous : M. Guigniaut refaisait à nouveau le grand ouvrage de Creuzer sur les *Religions de l'antiquité*, et M. Littré nous avait fait connaître le docteur Strauss. Puis le mouvement religieux qui avait commencé

1.

en France quelques années après 1830 avait ramené les
esprits vers des problèmes d'un certain ordre, et, s'ils
n'avaient pas été tous satisfaits, ils avaient du moins re-
trouvé le goût des grands problèmes. Enfin l'introduction
du suffrage universel, c'est-à-dire le sort de la nation
remis à l'intelligence et à la volonté de tous les citoyens,
ne permettait plus guère à la philosophie de s'isoler dans
ses observations et de se renfermer entre quelques adeptes ;
la politique, au lieu de se jouer à la surface, remuait la
société dans ses profondeurs, et elle venait à ce point où
elle n'est plus une question de science, mais de conscience.

II

TENDANCES DE LA PHILOSOPHIE ACTUELLE.

Arrêtons-nous quelques moments ici ; examinons ce qu'est réellement la philosophie, pour comparer ce qu'elle est avec ce qu'on veut qu'elle soit, et juger les changements qui vont y survenir.

Toutes les questions que l'esprit peut se poser reviennent aux quatre suivantes : Y a-t-il de la vérité ? Y a-t-il de l'être ? D'où vient ce qui est ? Quel est l'ordre de l'univers ? Chacune de ces questions en renferme plusieurs : Y a-t-il de la vérité ? Où est-elle ? A quelle condition peut-on l'obtenir ? Qu'est-ce que la raison et jusqu'où va-t-elle ? — Y a-t-il de l'être, ou n'y a-t-il que des apparences ? S'il y a de l'être, en quoi consiste-t-il ? Qu'est-ce que le corps ? Qu'est-ce que l'âme ? — D'où vient ce qui est ? A-t-il ou non un commencement ? N'y a-t-il que la nature ? Y a-t-il un Dieu ? Quel est-il ? S'il a fait le monde, quand et de quoi l'a-t-il fait ? — Quel est l'ordre de l'univers ? Y a-t-il une loi supérieure, immuable, qui fait paraître et disparaître les choses, règle chaque existence et l'ensemble ? Où nous conduit-elle quand nous mourons? Au néant, à la vie? Si c'est la vie, roule-t-elle perpétuellement sur elle-même ou va-t-elle à la perfection et au repos? Cherchez les plus hautes questions que l'homme puisse adresser sur lui et sur le monde, il n'y en a pas une seule qui ne rentre dans une de celles-là. Or, la science qui les résout ou qui ne les résout pas, mais qui essaye de les résoudre, c'est la science des premiers principes, c'est la philosophie.

Tout problème a ses données, la philosophie reconnaît vite que s'il en existe ici, elles sont fournies par la connaissance de l'homme. En effet, comment juger s'il y a de la vérité et quelles en sont les conditions, si l'on ne connaît l'esprit et ses facultés? Comment juger s'il y a de l'être et ce qu'il est, si l'on n'a d'abord la conscience de son propre être? Comment parler des origines sans savoir si notre nature ne s'explique pas par elle-même, sans avoir découvert en nous les idées de perfection et d'infini, qui nous mènent plus loin et plus haut que notre propre existence? Comment traiter de l'ordre universel, si l'on n'a saisi l'ordre humain, qui suppose l'intelligence, le bien et la liberté? Enfin, comment est-il possible de deviner rien de l'existence future, à moins d'avoir observé celle-ci, pour voir si notre destinée y est ou non achevée?

Cela étant, on conçoit que la philosophie, attirée par les grands problèmes, s'impose et impose à ceux qui la

suivent une discipline sévère, de longues études prépara-
toires, sans même promettre qu'elles finiront; on conçoit
aussi que, rebutés par cette discipline et ces études pré-
paratoires, un grand nombre d'esprits désertent la philosophie.

Est-il bon, est-il mauvais pour elle d'être ainsi réduite
à un petit nombre? Disons-le d'abord : c'est la condition
commune des sciences. Certaines d'entre elles, comme
les mathématiques et les recherches d'érudition, sont, par
leur objet, vouées à un petit nombre de personnes ; mais
vraiment toute science, même la plus accessible, en est
là, parce qu'il y faut une attention énergique et persévé-
rante, qui est trop forte pour la plupart des hommes, et
des procédés délicats qui, pour être maniés ou simplement pour être suivis, demandent des facultés spéciales ;
la route est pénible jusqu'à ce qu'on arrive aux grands
résultats, à quelque vérité générale qui éclaire et frappe
tous les yeux.

La philosophie est donc dans la condition commune
des sciences quand elle se livre à ses exercices prélimi-
naires : elle est réduite, elle aussi, au petit nombre;
mais, comme elles aussi, elle pourrait s'étendre si au bout
de ses travaux elle arrivait à découvrir la vérité par laquelle tout s'expliquerait. Et certainement cette vérité
existe, et certainement cette vérité est simple, ou plutôt

elle est la simplicité même, et dès qu'elle se montrerait, il n'y aurait pas d'intelligence qu'elle ne pénétrât et ne ravît. Si cette fortune est réservée à la philosophie, ce jour cesserait un isolement dont elle n'a ni à se vanter ni à s'excuser.

Jusque-là elle est en travail. Ce travail est plus ingrat pour elle que pour les autres sciences, parce que ceux qui s'adressent à elle en espèrent davantage, qu'ils en espèrent l'explication des choses, et que, dans leur injustice, ils lui demandent tout de suite le dernier mot. Elle a de la peine à captiver de tels auditeurs par des descriptions de faits psychologiques, par une histoire naturelle de l'âme, quelque exacte et curieuse qu'elle soit. On nous dira que la philosophie, même la plus réservée, a des dogmes qu'elle propose de bonne heure et qui devraient calmer l'impatience des esprits : qu'elle professe l'existence des corps, notre existence, l'existence de Dieu, l'ordre du monde, la loi morale, le libre arbitre et l'immortalité. Sans doute, et elle rend un grand service en découvrant les principes solides sur lesquels ces vérités se fondent, mais elle n'apporte pas ces vérités à ceux à qui elle parle ; au contraire elle les leur emprunte, comme le marque leur nom de vérités naturelles ou du sens commun ; elle n'apprend, pour ainsi dire, à ses auditeurs rien qu'ils ne sachent, et elle ne leur apprend pas ce

qu'ils ignorent et qu'ils désirent tant savoir. Ce n'est pas
sur ces axiomes que les hommes sont le plus divisés et
qu'ils disputent le plus âprement ; le sens commun ne
fait que mettre quelques vérités en présence ; le tourment
est de les unir, de remplir les grands vides qui les séparent ; ce sont comme des piles bâties au fond d'un fleuve,
et qui attendent qu'on jette sur elles un pont qui les relie
et qui relie les deux rivages.

Voilà la situation. Nous concevons tous les scrupules
de la philosophie, pressée par les impatiences du dehors,
tandis que sa propre conscience la retient ; pourtant il
nous semble qu'elle serait imprudente d'être trop sage.
Qu'elle soit faite ou non pour résoudre les grands problèmes, elle est faite pour les agiter, pour inquiéter les
hommes, pour leur rappeler que l'heure et le jour ne sont
pas tout. Au siècle dernier, il a semblé que les grands problèmes eussent disparu : les esprits furent d'abord absorbés
par les questions politiques et sociales ; après, ils furent
absorbés par quelque chose de plus puissant encore, par le
drame de la Révolution, dont on nous a raconté les grandeurs et les terreurs ; mais ce violent effort, qui jetait les
hommes hors d'eux-mêmes, a cessé, et les grands problèmes
sont rentrés avec la vie intérieure. Comme l'a dit élo-
quemment M. Guizot, ils sont «le grand fardeau des âmes».
Nous sentons en ce moment ce poids et ne devons pas

nous en plaindre, car, s'il est vrai que nous souf-
frons, il est vrai aussi qu'il n'y a pas de plus nobles
chagrins.

Telle est, ce nous semble, l'étendue naturelle de la
philosophie ; l'histoire de la philosophie est aussi plus vaste
qu'on ne se l'est souvent imaginé. On l'a entendue bien
des fois comme un monde à part, qui s'expliquait par lui-
même, se suffisait à lui-même, où tout se passait, pour
ainsi dire, dans un lieu abstrait et sur une scène idéale,
sans rapport avec la vie environnante, avec les sociétés et
les religions. Était-ce juste? Comment séparer à ce point
la pensée philosophique des lieux où elle naît et des événements au milieu desquels elle se développe? Comment
surtout la séparer des religions? Négliger les religions
dans l'histoire de la philosophie, c'est sacrifier le plus
fort au plus faible élément. Considérez en effet la place
qu'occupe dans le monde telle ou telle grande religion,
et comparez-la avec la place qu'y occupe telle ou telle
école, je dis des plus grandes, celle de Platon ou d'Aristote, ou telle secte dans cette école ou telle opinion dans
cette secte! Puis, n'est-il pas manifeste que l'on se condamne à ne pas comprendre ces philosophies elles-mêmes,
car elles sont nées dans le sein des religions, et, qu'elles
leur soient amies ou hostiles, elles portent la trace de
cette origine. Enfin, si on regarde les religions comme

des faits naturels, des produits de la raison qui s'ignore,
n'est-ce pas une étrange inconséquence de négliger
comme non avenues, dans l'histoire de l'esprit, des créations telles que celles-là, où il montre toute son énergie?
Quoiqu'elles n'aient pas, comme les philosophies, l'appareil méthodique, les religions n'en sont pas moins des
solutions des questions les plus considérables ; les religions sont à l'esprit ce que sont à la terre les grands sou-
lèvements qui ont donné aux continents leur relief et leur
figure : il est difficile à la science de passer à côté d'elles
sans les apercevoir.

Et difficile aussi de passer sans les apercevoir à côté
des gouvernements. Aussi large que soit la philosophie
pure, elle n'est pas toute la philosophie : on attend de la
science qu'elle aboutisse à la pratique; que , si elle a une
certaine idée de l'homme, de sa nature, de son origine,
de sa destinée future, elle tienne certaines institutions
comme meilleures que d'autres à l'homme; qu'elle ne
regarde donc pas les formes de gouvernement et de société comme indifférentes , qu'elle prenne parti dans les
questions politiques et sociales. Qui ne sait que le public
ne juge presque jamais les doctrines philosophiques par
elles-mêmes, dès qu'il faut quelque peine pour les comprendre, mais qu'il les juge par leurs alliances , et que
l'alliance avec la politique et les doctrines sociales est en

même temps ce qui parle le plus clair à tous et ce qui les touche le plus ?

Lorsque la philosophie s'étend jusqu'où nous avons dit, dans la spéculation et dans la pratique, elle ne se méconnaît pas, elle ne fait que prendre conscience d'elle-même. C'est son honneur d'avoir senti ce qu'elle est, au moment où l'on a voulu l'humilier ; la réaction antiphilo-sophique, commencée depuis longtemps, déclarée en 1850, a déterminé chez elle un des plus fiers mouvements qu'on ait vus. Cela dit, laissons l'éloge et prenons l'histoire, qui roule ensemble le bien et le mal.

On peut sans effort y suivre à la trace une philosophie qui, contente d'être maîtresse chez elle, pose les questions et propose les solutions sans s'occuper des religions, de leur principe ou de leurs dogmes, et sans chercher de conflits. Tel était l'esprit du *Dictionnaire des Sciences philosophiques*, achevé en 1852, sous la direction de M. Franck. Pour parler des personnes, et pour parler d'abord de ceux qui ne sont plus, telle était la philosophie de M. Damiron, avec une croissante élévation et une onction touchante, qui ont fait des dernières années de sa vie à la Sorbonne, et à ce qu'il appelait sa Sorbonne des champs, une sorte d'apostolat. La parfaite indépendance de M. Garnier était connue, et chez M. Saisset on voyait la pensée acquérir une singulière fermeté. Pour venir aux vivants qui datent de cette époque, c'est bien dans un semblable esprit qu'ont travaillé MM. Lévêque, Bouillier, Waddington; les amis les plus ombrageux de la philosophie ne désavoueront pas sans doute M. de Rémusat et M. Paul Janet.

Quant à l'histoire de la philosophie, telle qu'elle est traitée ordinairement, nous avons dit plus haut ce qui paraissait lui manquer; mais il est clair qu'elle est en train de se réformer. D'abord elle cesse d'être une sorte de drame à personnages abstraits. Nous avons vu dans un récent travail de M. Barthélemy Saint-Hilaire, dans la préface qu'il a mise à sa traduction d'un des derniers volumes d'Aristote, l'application d'une idée différente. Il y expose le développement de la philosophie grecque, en le rattachant au développement du génie du peuple grec et de son histoire; la philosophie n'est ainsi qu'une des pousses vigoureuses de cette forte séve; elle est, si l'on nous permet cette expression, une philosophie de pleine terre. Quant aux religions, on connaît les travaux de notre savant confrère sur les Védas, le bouddhisme et le mahométisme. On sait combien M. Franck est préoccupé de cet ordre d'études, préoccupation visible par le titre même de son dernier volume; *Philosophie et Religion.* L'histoire de la philosophie, ainsi unie à l'histoire générale, et embrassant toutes les grandes doctrines mé-

taphysiques qui ont paru, ne serait pas moins que l'histoire vivante de l'esprit humain. S'il est bien de réduire
les systèmes, comme on a réduit les êtres organisés, à
quelques types essentiels, un spectacle admirable, c'est la
variété infinie de créations que le génie de la nature ou de
l'homme jette dans ces types, sans se lasser, sans s'épuiser.

La philosophie s'avançant ainsi, il ne lui restait plus,
pour répondre aux exigences du public, que de se lier
avec la morale, la politique et la science sociale; elle y est
liée par les noms de MM. Littré, Pelletan, Jules Simon et
Vacherot. Comme témoignage de cette alliance, ces écrivains présentent leur vie et de remarquables écrits. On
connaît ceux de M. Littré, de M. Pelletan; on sait le
sort du livre de M. Vacherot sur *la Démocratie*. Quant
à M. Jules Simon, dans des ouvrages dont les éditions se
multiplient, il a prêché le devoir et les principes de
simple justice qui devraient faire le fond de toutes les
sociétés; préoccupé surtout de la France, comme il est naturel, il a passionné les esprits pour les questions qui inté-
ressent l'instruction, la moralité et le bien-être de la classe
ouvrière; enfin, l'élection qui l'a porté au Corps Législatif
a confirmé l'entente entre une certaine philosophie et une
certaine politique, toutes les deux tournées vers l'avenir.

Il nous a été facile de dessiner ce courant philosophique, courant large, tranquille et fort; il y en a un

autre plus rapide, qu'on ne saurait méconnaître. C'est ici la pensée dans toute sa hardiesse, allant sans que rien, ni nom, ni chose, lui fasse peur. Il n'est pas besoin de reprendre ici l'une après l'autre des doctrines qui s'exposent volontiers, et que leurs adversaires ne laissent pas oublier; rappelons seulement qu'à l'origine, ce mouvement a été une simple protestation contre la puissance religieuse, qui était devenue trop pesante. C'était vers 1851 que quelques philosophes croyaient de leur devoir de marquer nettement de quelle autorité ils relevaient. M. Jacques, dans la *Liberté de penser ;* M. Barni, dans l'examen d'un livre de Kant, déclaraient n'admettre que la raison. Survint une crise. M. Vacherot, directeur de l'École normale, donnait le dernier volume de son *Histoire critique de l'école d'Alexandrie.* On avait laissé passer autrefois des ouvrages d'un caractère aussi indépendant que l'*Essai sur la métaphysique d'Aristote,* de M. Ravaisson, et l'*Histoire de l'école d'Alexandrie,* de M. Jules Simon ; mais les temps étaient changés. Naturellement, M. Vacherot n'avait pu étudier l'école d'Alexandrie sans rencontrer le christianisme et le catholicisme naissant; bien que pénétré d'admiration pour la doctrine nouvelle, il en avait parlé avec indépendance, trop pour son repos, car, jeté dans une discussion avec le père Gratry, aumônier de l'école dont il était le directeur, au milieu de circonstances peu favorables à la philosophie, il fut, en 1851, éloigné de fonctions, qu'il abandonna bientôt entièrement pour d'autres motifs. Dans la retraite qu'il se fit, il trouva une liberté dont il profita pour publier un ouvrage considérable : *la Métaphysique et la Science* (1858), qui est certainement le plus vigoureux effort de la métaphysique de notre temps et le plus respectable par la candeur de l'esprit qui l'a tenté. Cette hardiesse de pensée, cette naïveté d'une âme toute méditative, la netteté d'une vie conséquente à elle-même, la vivacité aussi du sentiment démocratique qui se fit jour ailleurs, toutes ces choses ont créé à M. Vacherot une forte situation dans l'opinion publique, et, qu'on aime ou non sa philosophie, il faut bien avouer qu'il y a ici une philosophie et un philosophe. L'année suivante, M. Havet publiait les *Pensées* de Pascal, avec une introduction et un commentaire où paraît le plus pénétrant et le plus ferme esprit. En 1859, l'ouvrage de M. Patrice Larroque, l'*Examen critique des doctrines de la religion chrétienne*, fut poursuivi devant la justice, et, malgré un acquittement, la circulation en France en fut interdite ; mais, quatre ans plus tard, M. Renan donnait sa *Vie de Jésus*, que personne ne pouvait avoir l'espérance d'arrêter. Il y a plusieurs choses à considérer dans l'œuvre de M. Renan : un système philosophique, une conception de la personne du Christ, l'extension des droits de la critique. Son système philosophique est plus ou moins assuré; sa conception de la personne de Jésus a été et sera discutée; mais tout cela tomberait qu'il resterait le droit conquis, celui d'écrire librement sur la religion ; voilà ce qui est plus que le succès même du livre et d'un merveilleux talent, voilà ce qui est nouveau, un fait considérable et une date. Ajoutez l'article de M. Havet dans la *Revue des deux mondes*, et la discussion du Sénat, où M. Delangle a défendu le droit attaqué. On n'oubliera pas non plus les noms d'écrivains comme MM. Sainte-Beuve, Scherer, Taine et d'autres écrivains de talent, qui n'ont pas cessé de parler au public avec une liberté dont le public ne pourrait plus se passer maintenant.

Nous avons raconté les faits qui nous paraissent avoir amené la situation actuelle de la philosophie; il est utile d'entendre ce qu'ils disent. Laissons la politique, qui sera évidemment de la philosophie tant que la philosophie ne sera pas une pure spéculation; que signifie la faveur qui accueille les hardiesses d'une certaine philosophie? Si elle a mérité ce que déploient contre elle de vigoureux efforts les esprits distingués qui la réfutent, M. Paul Janet, dans ses *Études sur la dialectique*, ses écrits sur *la Crise contemporaine*, sur le *Matérialisme* et sur le *Cerveau*, M. Caro, dans ses livres sur l'*Idée de Dieu* et sur la *Philosophie de Gœthe*, et d'autres adversaires dont l'opinion mérite d'être comptée, est-ce donc que ce pays est converti aux nouvelles doctrines ? Pour mon compte, je ne le crois pas ; mais je crois qu'on supporte impatiemment la philosophie qui est établie dans le monde, ses conventions tacites, ses prétentions ouvertes, ses durs arrêts, la timidité et l'uniformité où elle risque de nous réduire ; on encourage les philosophes chez qui on trouve cette même impatience à l'égard de la philosophie régnante, avec une fermeté à l'épreuve de ses rigueurs ; ils frappent le public par cette attitude plus encore que par leurs écrits, qui ne peuvent être médités que du petit nombre ; et, qu'ils permettent de le leur dire, ce qu'on aime en eux, c'est moins leur doctrine que leur liberté.

Oui, l'opinion invite les philosophes à aller plus loin. On a établi dans les églises catholiques, après le premier catéchisme, un catéchisme de persévérance qui cesse généralement au mariage ; si l'on établit aussi une philosophie de persévérance, il ne sera pas mal qu'elle ait aussi une fin. L'éducation est d'un prix inestimable, à condition qu'elle ne dure pas toujours. Il n'est personne de nous qui n'ait rencontré quelqu'une des victimes d'une rhétorique prolongée, écoliers perpétuels, élevés dans le respect de la phrase et la sainte frayeur de l'idée, qui ont traversé la vie portant une urne vide dans les bras, et sont morts vieux adolescents. L'enseignement de la philosophie, moins dangereux, est dangereux aussi s'il passe le temps voulu : c'est bien de nourrir les enfants du meilleur lait, pourvu qu'on les sèvre. Le petit Joas de Racine est charmant dans la grâce de son jeune âge : il grandira, il combattra, il régnera, il fera renaître une noble race ; mais il serait déplaisant de voir des Eliacins de la philosophie, élevés dans le temple, et qui n'en doivent pas sortir, répétant tous les jours la leçon qu'ils ont apprise, vêtus, à perpétuité, de lin, présentant au grand prêtre et l'encens et le sel, beaucoup d'encens et peu de sel ; cela, dis-je, serait déplaisant, car la vraie philosophie fait des hommes.

Si donc nous ne nous abusons, il entre plus d'air et de mouvement dans la philosophie, et, loin de s'en effrayer, l'opinion de notre temps s'en réjouit. La société commence à s'apercevoir que l'unité de croyance ne lui est pas aussi nécessaire qu'on le dit. Elle apprend un peu d'histoire, et cette histoire donne à l'assertion ordinaire un démenti perpétuel. Parlez-vous, par exemple, de l'unité religieuse, on ne voit pas que la société ait péri parce que le paganisme est tombé ; on ne voit pas non plus que la société ait péri depuis la Réforme et depuis que les protestants ont acquis le droit de professer leur foi. De même, pour l'unité de croyance philosophique, la société vient enfin à comprendre que son salut ne dépend pas des audaces de quelques philosophes, et qu'elle est de taille à résister à de plus terribles assauts ; elle est comme un grand navire qui se maintient par son poids, et qui ne sent pas que tels ou tels passagers se déplacent. Sans doute il est une doctrine que la société préfère, c'est le spiritualisme, qui nous enseigne à la fois la liberté et le devoir et lui forme des citoyens ; mais elle livre le spiritualisme lui-même à la discussion, sans craindre qu'il soit détruit, car la nature humaine travaille sans cesse à le reproduire, et une doctrine est bien forte quand elle a pour elle l'amour, la douleur et la mort.

Ce qui importe, ce n'est pas l'unité, c'est la vie, ce sont les mâles inquiétudes, c'est le souci des choses spirituelles. Là où est ce souci, il va jusqu'à purifier l'erreur : tandis qu'elle tend à abaisser et à corrompre l'âme, il la guérit et la relève ; il fait la vertu d'Épicure, de Lucrèce et de Spinoza. La philosophie n'est pas la sagesse ; elle n'est, comme elle se nomme elle-même d'un beau nom, que l'amour de la sagesse ! L'âme philosophique n'est pas celle qui possède la vérité, c'est celle qui l'aime. Si elle croit l'avoir, elle s'y attache ; si elle ne croit pas l'avoir, elle la cherche, et, même sans la chercher, il suffit qu'elle la désire. L'âme la plus philosophique est celle qui désire le plus la vérité.

III

LA RAISON NATURELLE

Émanciper la philosophie, c'est l'inviter à chercher, ce n'est pas la dispenser d'avoir raison; tout au contraire, plus elle se donne carrière, plus il importe qu'elle sache où elle en est et qu'elle reconnaisse si elle s'égare. Or, la cause de ses découvertes à la fois et de ses égarements, c'est l'analyse; il importe de décider si l'analyse est maîtresse absolue ou s'il y a quelque chose au-dessus d'elle.

Il ne semble pas qu'il y ait lieu d'insister sur l'utilité de l'analyse philosophique. La question revient à l'utilité de l'analyse en général, et tout le monde sait que l'analyse est partout nécessaire, que sans elle il n'y a pas de clarté, qu'à la vue confuse elle substitue la vue nette des objets, qu'en un mot, elle est la condition absolue de la science; on ne comprend donc pas comment la philosophie pourrait s'en passer. Considérant cela comme hors de contestation, je me propose de marquer ici un danger particulier de l'analyse et ce qu'il y a à faire pour le combattre.

Ce danger n'est pas l'infidélité. A quelque objet que l'analyse s'applique, elle peut également être infidèle : ce sont des éléments oubliés, des éléments ajoutés, des choses simples qui sont regardées comme composées, des choses composées qui sont regardées comme simples, des choses identiques qui sont distinguées, des choses distinctes qui sont identifiées; la philosophie n'est pas plus à l'abri de ces inexactitudes que la physique ou la chimie. Mais l'analyse philosophique a un défaut qui lui est propre. Les physiciens et les chimistes, aussi loin qu'ils poussent leur étude, ne peuvent pas oublier que ce qu'ils étudient est réel; ils en recherchent la nature, il ne leur est jamais venu à l'esprit qu'ils eussent le droit d'en contester l'existence; des philosophes s'arrogent ce droit : ils prennent la réalité, ils l'analysent, puis ils oublient qu'elle est réelle, et font des raisonnements pour prouver qu'elle l'est ou qu'elle ne l'est pas.

Un exemple frappant de ce procédé se trouve dans la théorie des idées de Malebranche. Quoi de plus clair que ce fait? Je vois les corps, j'en ai la connaissance ou l'idée; ma connaissance n'est donc que moi-même qui connais. Malebranche oublie cela : il donne à l'idée une existence propre, il en fait l'intermédiaire entre les corps et l'esprit, puis aussitôt il se demande si elle est un intermédiaire fidèle ou infidèle, et ne pouvant le décider, il a recours à la révélation, sans remarquer que la révélation est écrite dans des livres, à propos desquels revient la question, si l'idée qui les montre est fidèle ou infidèle.

Par ce même abus, l'analyse philosophique a compromis la véritable notion de cause. Nous avons conscience que nous agissons parce que nous le voulons, que notre volonté commence, suspend, recommence une action, selon son bon plaisir, qu'elle remue nos membres et dirige nos facultés intellectuelles, qu'elle nous fait regarder, écouter, réfléchir. La conscience que nous avons de nous-mêmes, dans ces moments, nous donne l'idée de cause, idée que nous devons ensuite étudier pour l'éclaircir, mais que nous n'avons pas la permission d'altérer, à plus forte raison de détruire, sans altérer et sans détruire l'observation manifeste qui nous l'a fournie. Voici pourtant des philosophes, Locke et Hume, qui traitent cette idée comme s'ils l'avaient puisée ailleurs que dans la conscience, comme s'ils l'avaient puisée dans le monde extérieur, dans le spectacle des faits qui se succèdent, et ne rencontrant rien, dans cette succession, qui autorise à y voir une production, ils assurent qu'il y n'a de cause nulle part, qu'il n'y a en nous, comme dans le monde, que des faits qui se suivent sans s'engendrer.

On sait ce que des moralistes, trop confiants dans leur analyse, ont fait de l'intérêt, du désintéressement, du plaisir et du devoir : ils ont trouvé que toutes ces choses se réduisent à une, au plaisir. Il serait pourtant bon de s'entendre. Si l'on prend ces idées toutes venues, comme on les prendrait dans un lexique, il ne reste plus qu'à les analyser, et après qu'on les aura analysées, il faudra bien se résigner à admettre les résultats obtenus : le devoir se ramènera à l'intérêt, et l'intérêt au plaisir, de la même façon que le triangle se ramène à la ligne droite et la ligne droite au point ; mais il en sera autrement si l'on revient au vrai, si l'on prend ces idées-là où elles ont été prises, c'est-à-dire dans la réalité vivante que voici. Lorsque, après avoir agi, nous avons réfléchi sur la direction de nos actions, nous avons trouvé qu'elles tendaient au plaisir ou à l'intérêt ou au devoir, et nous avons marqué ces directions différentes : nous avons trouvé que, dans certaines circonstances, nous poursuivions notre avantage, que, dans d'autres circonstances, nous n'y songions pas, et pour exprimer ce retour sur nous-mêmes ou l'absence de ce retour, nous avons créé les idées contraires d'intérêt et de désintéressement, nous avons tracé pour ainsi dire l'orbite où notre liberté se meut, comme les astronomes tracent l'orbite des corps célestes et décrivent sur le papier la ligne idéale que ces corps suivent dans le vide. Ni ces idées morales, ni ces figures physiques ne sont rien par elles-mêmes : elles n'ont de sens que si on les rapporte à l'observation qui les a données ; elles sont les signes, les empreintes de la réalité. Lors donc qu'on veut savoir si le devoir et le plaisir, l'intérêt et le désintéressement sont ou non des choses distinctes, il ne faut pas analyser les idées et les mots, mais les choses, c'est-à-dire l'âme humaine à l'action.

Si quelques philosophes encore n'avaient pas mal usé de l'analyse, l'existence de Dieu ne serait pas pour eux ce qu'ils en ont fait, un problème ; elle serait restée ce qu'elle est, une vérité première, comme l'existence du monde et la nôtre. Après que la vue des choses imparfaites leur a révélé, ainsi qu'à tous les hommes, un être parfait, ils mettent d'un côté l'idée de perfection, de l'autre l'idée d'être, et ils se demandent si ces idées se conviennent ; ils inventent, pour prouver qu'elles se conviennent, les plus beaux arguments, et font dépendre une croyance si essentielle du succès d'un tour de logique plus ou moins ingénieux ; mais ils ont beau se travailler : ils ne réussissent pas à contenter par leur dialectique équivoque ceux qu'ils ont dégoûtés de la simplicité naturelle.

Un dernier exemple mettra à nu le vice de l'analyse que nous nous sommes proposé de signaler. On se défiera peut-être d'un procédé qui aboutit à mettre en question jusqu'à notre propre existence. Comment a-t-on pu arriver là ? Je ne me connais pas moi-même sans connaître

quelque action que je fasse, ni ne connais quelque action
sans me connaître moi-même qui la fais : je connais l'un
avec l'autre, l'un dans l'autre; il n'y a ici rien qui soit
avant, rien qui soit après; quand on dit : « Je pense,
donc je suis », ce mot *donc* marque seulement la dépendance des idées, une antériorité logique, il n'implique
pas le plus petit intervalle de temps dans l'acquisition de
ces idées. Vienne maintenant l'analyse, il est bien entendu que toutes les fois que je parlerai de moi, je ne
parlerai pas d'un être abstrait et vague, mais de l'être
dont j'ai conscience, de l'être que je suis, et que toutes
les fois que je parlerai de pensée, c'est-à-dire d'idée de
sentiment ou de volonté, je ne parlerai pas de phénomènes
flottant en l'air, mais d'idées, de sentiments, de volontés
qui sont à moi, ou plutôt qui sont-moi même. C'est
ainsi que l'entendent Descartes et le bon sens; mais non
point de certains philosophes, qui trouvent cela beaucoup
trop simple et que, si la philosophie n'avait rien de plus
extraordinaire, ce ne serait pas la peine de philosopher.
Et voici comment ils procèdent. Après que la nature leur
a fourni la pensée et l'être intimement unis, ils les séparent artificiellement : ils font une pensée sans être, un
être sans pensée, d'un côté un pur phénomène, de l'autre
une pure substance, et alors ils s'évertuent à les réunir à
nouveau par un autre artifice. Il y en a qui n'y parvien-

nent jamais : ils ne voient en eux-mêmes que des phénomènes, et ils ne peuvent pas sortir de là, ils ne parviennent pas à rencontrer une substance qui soutienne ces phénomènes, ou, s'ils la rencontrent, c'est une substance étrangère, ce n'est pas le *moi*, la personne qu'ils sont. On se rappelle le vers ironique de Voltaire dans *les Systèmes*, lorsque Spinosa dit à Dieu :

> Mais je pense, entre nous, que vous n'existez pas.

Nos philosophes disent cela sérieusement à chacun de nous, et il ne faut pas leur en vouloir, car ils s'exécutent à leur tour et diraient de même :

> Mais je pense, entre nous, que je n'existe pas.

Je me trompe : dans la multitude infinie des phénomènes, ils en prennent une collection, qu'ils séparent du reste, et cette collection, toujours croissante et changeante, ils l'appellent *moi ;* leur personnalité est une addition, une opération arithmétique, qui se continue de nombre en nombre ; puis tout à coup elle s'interrompt, et c'est fini. Une substance indifférente, où est excitée une conscience passagère, voilà le monde et nous voilà. Nous ne sommes que des bulles d'air qui s'élèvent à la surface de l'Océan ; leur fortune est diverse : les unes naissent dans la nuit ou sous les nuages, et nul rayon de soleil ne les visite ; les autres, plus heureuses, brillent des feux du jour ; mais elles ont toutes pareille fin : au choc du vent ou d'une goutte d'eau, elles éclatent, et ce peu d'air et de vapeur dont elles furent formées se dissipe dans l'immensité.

Quand on envisage froidement de pareilles idées, on n'en revient pas. Si je connais quelque chose certainement, c'est que je suis : je puis douter de tout, excepté de cela ; quelle est donc cette singulière entreprise de supposer que je ne connais pas ce que je connais, de supposer que je dis *je* et *moi* sans savoir de qui je parle, et de me mettre à courir après moi-même ? Assurément un ennemi de la philosophie, qui voudrait la discréditer aux yeux du monde, n'inventerait rien de mieux ; mais il n'a pas à l'inventer, et ce sont des philosophes qui le lui fournissent ; même ils se sont donné beaucoup de mal pour le trouver et ils en sont tout fiers. Par malheur, ce n'est point une curiosité de l'histoire de la philosophie, un de ces produits bizarres de la dialectique grecque, qui a tant joué avec les idées ; non, ce sont les nouveautés du jour, et, comme elles frappent le public, c'est par elles que le public risque de nous juger.

Remettons donc l'analyse à sa place : au-dessous de la réalité, qu'elle doit éclaircir, mais sur laquelle elle ne peut rien ; qu'elle continue à faire des abstractions, pour opérer

plus à son aise, mais qu'elle se rappelle constamment que,
s'il lui est permis de créer des abstractions, c'est la nature
qui crée la réalité. Nous ne percevons rien d'abstrait. Nous
ne connaissons pas l'existence abstraite, nous connaissons
la nôtre, celle de Dieu, celle des corps ; nous ne nous
connaissons non plus nous-mêmes, ni Dieu, ni les corps
que comme existant ; nous ne connaissons pas le libre arbitre, sauf à examiner, après, si nous l'avons, mais nous
nous connaissons agissant en liberté. Les idées et le rapport qui les unit nous sont donnés ensemble, avec la même
autorité, et il ne nous est pas plus permis de rejeter le
rapport que les idées. Quand on perd cela de vue, on fait
du chemin en pure perte : ou l'on s'égare sans retour,
ou, si l'on se retrouve, on ne se retrouve que par hasard ;
comme Leibnitz l'a dit admirablement (1) d'autres esprits
fourvoyés : « Ils cherchent ce qu'ils savent et ne savent
pas ce qu'ils cherchent. »

La philosophie peut commettre deux fautes graves :
contredire l'évidence ou la démontrer ; il n'a pas manqué
de philosophes pour les commettre. Le premier défaut est
plus manifeste : quand on contredit l'évidence, on donne
dans des absurdités qui frappent tous les yeux et l'on com-
promet la science ; l'autre défaut, pour être moins sen-

(1) *Nouveaux Essais sur l'entendement humain*, liv. II.

sible, n'en est pas moins dangereux. Démontrer l'évidence, c'est avoir commencé par ne pas y croire, ce qui est très-grave : s'il arrive que la démonstration la confirme, c'est fort heureux ; mais il aurait pu arriver qu'elle ne la confirmât pas. L'évidence, ainsi livrée à la merci du raisonnement, court donc les plus grands risques. Si votre argument ne prouve pas assez ce qu'il veut prouver, je me trouve n'avoir ni la première certitude, que vous m'avez enlevée, ni la seconde, qui ne me suffit point. Le jour où la philosophie renoncera à démontrer l'évidence et imitera les mathématiques, elle perdra de beaux systèmes, mais elle ne perdra pas tout : elle emploiera à marcher en avant le temps qu'elle emploie à tourner sur elle-même.

Disons ce qui est : il n'y a pas de bonnes démonstrations de l'évidence. Pour démontrer, il faut s'appuyer sur quelque chose d'évident ; or, si l'on ne croit pas à l'évidence qu'on veut prouver, de quel droit croit-on à celle par laquelle on prouve? Les vérités premières ont une lumière propre, directe, puissante, qui frappe les yeux et dont l'éc'at noie toutes les petites lumières détournées, qu'on amène de loin. Aussi nous regardons avec curiosité ceux qui travaillent si ingénieusement, mais nous sentons qu'il y a là un jeu, et ce sentiment nous gâte tout l'art qu'ils déploient. Ils s'amusent à séparer arbitrairement des choses qui se tiennent, pour les réunir ensuite arbitrairement ; ils se vantent d'un secret pour opérer cette merveille, et chacun a le sien ; mais tous leurs secrets se valent : pendant qu'ils prononcent les formules magiques par lesquelles ils prétendent enchaîner la nature, la nature fait d'elle-même leur ouvrage.

Nous avons essayé de bien marquer un vice général de l'analyse, qui est de méconnaître la réalité sur laquelle elle a opéré et de prétendre se substituer à elle ; demandons maintenant où est cette réalité, afin de pouvoir l'opposer à l'analyse qui la défigure.

Il y a une nature humaine, que la conscience découvre en chacun de nous, et qui dément une philosophie arbitraire. Il y a en nous des instincts innés ; ces instincts, partout les mêmes, ne sont pas le produit de l'expérience ; ils préexistent à l'expérience, soit qu'ils cherchent confusément leur objet, soit que, à la rencontre de cet objet, ils se reconnaissent. Leurs mouvements, réglés par des lois certaines, constituent le cœur humain. De même, il y a au fond de toutes nos pensées certains principes qui font que nous n'avons pas l'idée d'un phénomène sans affirmer qu'il réside dans un être et dépend d'une cause, que nous ne voyons pas les choses imparfaites sans remonter à un être parfait, par qui elles sont, que nous ne connaissons pas nos actions et les ouvrages de la nature et de l'art sans concevoir le bien et le beau. Ces principes sont universels ; l'expérience ne les crée pas plus qu'elle ne crée les instincts de notre cœur, elle leur donne seulement l'occasion de s'appliquer et de se révéler par là. Ces principes, agissant dans tous les individus avec la même force, constituent à leur tour l'esprit humain. L'homme est donc, en naissant, comme un instrument tout formé, mais muet, qui attend que la vie le mette en jeu. Il y a un esprit humain, il y a un cœur humain, et les deux composent la nature humaine, dont on ne fait pas ce qu'on veut et qui résiste à toutes les violences. Ce que nous nommons raison, bon sens, sens commun, instinct, sentiment, nature, est la protestation de l'homme réel contre l'homme artificiel, de l'homme vivant contre l'homme abstrait des systèmes.

Il y a, toutefois, une distinction à faire. Tantôt la raison prononce sur le vrai et sur l'absurde à la façon de la raison géométrique, et alors elle est le bon sens ; tantôt c'est la sensibilité qui s'émeut, il s'élève en nous des mouvements violents d'enthousiasme ou de révolte, que nous essayerions en vain de comprimer, et qui sont, comme on dit, plus forts que nous ; c'est proprement le sentiment. Mais il ne faut pas s'y tromper et croire qu'on n'a affaire ici qu'à la sensibilité : elle est excitée par une idée, elle est le contre-coup d'une opération qui se passe dans les profondeurs de l'esprit, elle est la raison émue, la raison première, instinctive, celle que la réflexion n'a pas altérée, et qui persiste en nous malgré nos erreurs et nos sophismes : quelque langage qu'elle parle, comme elle parle et que nous l'entendons, appelons-la de son beau nom, la conscience.

Pascal parle étrangement quand il dit : « Le cœur sent » qu'il y a trois dimensions dans l'espace » ; car le cœur n'a rien à voir dans la géométrie ; mais Pascal dit admirablement, lorsqu'il réfute le pyrrhonisme et en découvre la contradiction : « Que fera donc l'homme en cet état ?... » Doutera-t-il s'il doute ? doutera-t-il s'il est ?... La nature soutient la raison impuissante, et l'empêche d'extra-vaguer jusqu'à ce point. » J.-J. Rousseau a exprimé avec son éloquence la force du sentiment qui triomphe des incertitudes de la réflexion : « Quelquefois (1), au fond de mon cabinet, mes deux poings dans les yeux, ou au milieu des ténèbres de la nuit, je suis de l'avis de Saint-Lambert. Mais voyez cela (dit-il, en montrant d'une main le ciel, la tête élevée, et avec le regard d'un inspiré) : le lever du soleil, en dissipant la vapeur qui couvre la terre et en m'exposant la scène brillante et merveilleuse de la nature, dissipe en même temps les brouillards de mon esprit. Je retrouve ma foi, mon Dieu, ma croyance

(1) *Mémoires de madame d'Epinay.*

en lui; je l'admire, je l'adore et je me prosterne en sa présence. »

Que des empiriques réduisent toutes les idées morales à une seule, celle du plaisir, qui se transforme; qu'ils ne voient dans le devoir et le désintéressement que l'intérêt, un intérêt raffiné, qui méprise certains biens médiocres ou mal assurés, pour obtenir des biens plus grands et plus sûrs, la conscience est encore là qui les dément : le plaisir et le devoir, l'intérêt et le désintéressement sont séparés par un abîme; ni cette vue de la loi morale, ni le respect qu'elle imprime en moi, ni cette haute résolution de lui obéir, ni ce fier mouvement qui m'élève au-dessus de moi-même, ni le grave contentement qui suit, ni le remords qui vient, si j'ai manqué de courage, non, tout cela n'est pas la recherche du plaisir, et l'élan qui me porte à aimer ou à secourir mes semblables, à me dévouer pour eux sans compter, sans excepter la mort, qui exclut toute récompense terrestre, cet élan n'est point celui de l'intérêt, avide de se satisfaire. Les philosophes pourront, par des analyses infidèles, dénaturer le beau et le bien, il n'y a rien à craindre pour ces vérités, tant que l'admiration et l'indignation n'auront pas disparu; et ces sentiments ne disparaîtront pas, tant que la nature humaine subsistera. Si nous arrivions à ne plus savoir lire dans notre âme, à ne plus savoir y démêler ces grands et primitifs sentiments des autres sentiments, artificiels et médiocres, il suffirait d'éprouver ce frémissement qui parcourt notre corps en présence d'un ouvrage ou d'une action sublime.

L'autorité reconnue du sens commun, de la raison naturelle, n'est pas moins que la tradition de la philosophie française, si fermement inaugurée dans le *Discours de la Méthode*, et qui n'a jamais péri. A la rigueur, il ne devrait pas y avoir une philosophie française et une philosophie allemande, anglaise, etc., pas plus qu'il n'y a une géométrie nationale; mais il est incontestable que chaque nation apporte dans l'étude de la philosophie une disposition particulière. L'esprit anglais, tourné à l'observation, ferait volontiers une histoire naturelle et une physique de l'âme; l'esprit allemand ne voit guère dans la réalité des faits de l'âme qu'une matière à abstractions, sur lesquelles il opère ensuite, et qui deviennent le monde où il se meut. La philosophie française ne reste pas à la surface, elle ne se plonge pas non plus dans les abstractions : elle tient à la réalité, et se propose seulement de l'étudier plus avant que ne fait la croyance commune. C'est ainsi que Descartes a creusé la question de la certitude et de l'existence personnelle : il a creusé jusqu'à ce qu'il ait trouvé quelque chose d'inébranlable, le roc où ces vérités se fondent. Quand de nos jours la propriété, quand la famille, quand la société ont été attaquées, les meilleurs esprits de ce pays, qui les ont défendues, n'ont pas procédé autrement. La raison française n'a point abandonné ce qu'on lui contestait, ni elle ne s'est contentée de l'affirmer simplement : elle est descendue plus au fond d'elle-même, et elle y a découvert les principes solides sur lesquels la société, la famille et la propriété s'appuient. La philosophie française n'est ni superficielle, comme on le dit au dehors, ni chimérique, comme on le dit aisément chez nous : elle est un bon sens savant et prend la vérité à une plus grande profondeur.

Elle n'a pas honte de penser comme tout le monde, ni de parler non plus. Dans de certains temps et de certains pays, les savants aiment assez à prendre un langage qui les distingue du vulgaire ; ce langage est une sorte de mystère qui marque la distance entre les initiés et les profanes ; un mouvement général, très-sensible chez nous, nous porte en sens contraire. Descartes a sécularisé la philosophie, Pascal la théologie et la morale ; toutes les sciences, les unes après les autres, invitées par la publicité, se soumettent à ses conditions, abandonnent des singularités qui rebutent le lecteur, et, renonçant à ne parler qu'à quelques privilégiés, elles recueillent leurs principes les plus clairs et les exposent dans la langue commune, pour se faire entendre de tous les bons esprits.

La philosophie française, fort sollicitée depuis quelque temps par les doctrines étrangères, reste encore fidèle à notre langue, elle ne paraît pas devoir naturaliser un idiome que l'on goûte au delà du Rhin ; mais les idées françaises ont été plus sérieusement atteintes, et les doctrines qui renversent le plus insolemment la raison rencontrent chez nous de la faveur ; ce qu'on appelait autrement autrefois s'appelle aujourd'hui de l'originalité et de la force. On conçoit que la raison n'a pas grand air à côté de ces inventions extraordinaires ; aussi ce temps-ci est un temps d'épreuve pour les hommes qui s'attachent par devoir à son obscure fortune. Peut-être n'en sera-t-il pas toujours ainsi, peut-être consentira-t-on enfin à reconnaître qu'il y a aussi une raison originale, celle qui explique les choses par leurs principes, et il faut espérer qu'on rendra à cet emploi de l'esprit le nom de philosophie, car enfin, s'entendre avec les autres et avec soi-même, n'est-ce plus philosopher ?

La philosophie française continuera aussi, je le crois, de s'appeler le spiritualisme ; il faut bien le dire, quoique ce soit peut-être un mauvais moyen de la recommander à un temps qui aime, en fait de spéculation, les grandes aventures. Le spiritualisme n'a rien à promettre de pareil ; aussi il risque de paraître fade à ceux qui ont essayé de ces doctrines de haut goût ; il n'est pas une course dans le pays de la fantaisie, il est une philosophie domestique, qu'on retrouve constamment quand on rentre en soi-même, il est la philosophie naturelle, celle qui convient à la fois à l'esprit et au cœur de l'homme, celle qu'on se trouve avoir quand on est d'accord avec soi.

Je sais à quel désavantage s'exposent ceux qui soutiennent le spiritualisme : il n'est pas neuf, car il est à peu près aussi vieux que le monde, et à côté des doctrines subtiles qu'on invente, il a l'air grossier; mais ces raisons ne suffisent pas pour qu'on l'abandonne. D'abord, quand on a le temps pour soi, on peut laisser les autres jouir du moment, sans s'émouvoir de leur triomphe; puis, ou je me trompe fort, ou les systèmes en faveur sont d'une substance trop légère pour nourrir longtemps les esprits. Madame de Sévigné, avec son solide bon sens, mécontente des subtilités du mysticisme, demandait qu'on lui épaissît la religion; nous demanderons aussi bientôt qu'on nous épaississe la philosophie.

IV

LA RAISON PROGRESSIVE.

Quand nous parlons, en ce moment, du sens commun, nous savons de quoi nous parlons ; nous savons ce qu'il comprend de principes ; mais a-t-il toujours été tout ce qu'il est maintenant et ne sera-t-il jamais que ce qu'il est maintenant ? Cela vaut la peine d'être examiné. Afin de mieux éclaircir la question, nous la porterons du terrain de la métaphysique sur le terrain de la morale, où chacun est mieux chez soi. Nous chercherons donc si la raison morale est parfaite, altérée ou progressive. Nous admettons qu'il existe du bien et du mal, et que l'homme possède un organe pour les connaître ; c'est uniquement de la nature de cet organe que nous voulons parler.

Nous trouvons d'abord une doctrine qui prétend que la raison morale est parfaite ; c'est la doctrine commune qui est partout autour de nous. On prend les exemples les plus certains, tels que le dévouement à l'amitié, à la famille, à la patrie ; on atteste la conscience humaine, la même, dit-on, dans tous les temps et dans tous les pays,

3.

et étendant, par analogie, cette certitude au reste, on fait de la science morale quelque chose comme une jurisprudence infaillible ou comme la géométrie. Les uns croient qu'il y a en nous une sorte de sens qui voit la bonté ou la méchanceté de chaque action, comme l'œil voit la lumière ou l'obscurité; d'autres croient que nous prononçons nos jugements en vertu d'un principe universel duquel tous les cas particuliers se déduisent d'eux-mêmes; tous s'accordent dans l'idée d'une raison morale toujours parfaite.

Selon une deuxième doctrine, la raison était parfaite autrefois; maintenant elle ne l'est plus : il n'en subsiste que des traces éparses dans la mémoire du genre humain, épaves d'un ancien naufrage. Une érudition soigneuse poursuit ces traces : à certaines traditions uniformes, qui se retrouvent chez tous les peuples, d'ailleurs les plus divers d'idées et de mœurs, elle reconnaît les fragments d'une législation primitive.

Comme on le voit, la première doctrine dont nous avons parlé place la raison morale au dedans de nous; si elle en appelle au consentement général, elle entend que la conscience universelle n'est que le foyer des consciences particulières, où se fait le jugement du bien et du mal; la seconde doctrine transporte ce jugement au dehors de nous : elle nous fait une raison extérieure, elle substitue la conscience universelle à la conscience individuelle ; lorsqu'elles invoquent le témoignage de l'humanité, l'une ajoute du poids à notre raison, l'autre l'accable sous ce poids.

Une troisième doctrine prétend que la raison morale n'est ni parfaite ni altérée, mais qu'elle se perfectionne ; seulement elle comprend ce perfectionnement à sa manière. Nous voulons dire l'école critique, qui a fait depuis quelque temps une assez belle fortune. Selon elle, il ne faut s'enfermer ni dans la conscience individuelle ni dans une tradition finie, qui ne va pas au delà du moment où nous parlons ; la raison de l'espèce humaine se développe dans le temps et l'espace ; elle se meut, elle vit, elle produit, elle détruit, elle renouvelle, comme fait la nature, ou par changements insensibles ou par changements soudains, ne s'arrêtant à aucune forme, les traversant toutes avec une vigueur qui trahit ses destinées immortelles. Selon cette doctrine, la morale ne tient donc en entier ni dans un individu, ni dans un lieu, ni dans une époque : elle voyage avec les pays et s'écoule avec le temps.

Voilà, si nous ne nous trompons, les trois grandes doctrines sur la raison morale. Cette raison est, a été ou sera. Nous avons à examiner les trois écoles auxquelles ces doctrines appartiennent : l'école dogmatique, l'école traditionnelle et l'école critique; nous commencerons par celle-ci.

L'école critique prétend conserver la raison, en se contentant de l'élargir : au lieu d'une raison étroite, qui accepte certains faits, en repousse un grand nombre, elle donne une raison qui comprend tout. Fort bien, pourvu qu'on s'entende. Nous sommes d'accord, s'il s'agit de faits matériels, d'astronomie, de géologie, de physique. Quand on a expliqué un fait de cet ordre, c'est-à-dire quand on l'a rattaché à ses lois et à ses antécédents, qu'on l'a placé dans l'ordre général dont il fait partie, il n'y a plus rien à se demander; c'est différent dès qu'on parle des faits moraux : il ne suffit pas de les rattacher à leurs lois et à leurs antécédents, de les placer dans l'ordre général, il reste encore à se demander à propos de chacun d'eux : « Est-ce raisonnable? est-ce déraisonnable? est-ce bien? est-ce mal? » Sans doute les esprits de tel ou tel temps en sont venus à se former certaines idées, mais ces idées sont-elles vraies ou fausses? Sans doute telles institutions sont nées et ont dû naître; mais sur quel principe sont-elles fondées? sur quelles pratiques se sont-elles établies et subsistent-elles? sont-elles bonnes, sont-elles mauvaises pour les hommes qui y vivent? Dans le monde matériel tous les faits sont égaux devant la science; dans le monde humain tous les faits sont inégaux, parce qu'ils relèvent de la raison et de la justice ; en un mot, dans la nature, il n'y a que des lois, dans l'humanité il y a des lois et des principes.

La doctrine que nous examinons doit inévitablement abolir cette distinction. Selon elle, le monde n'a pas de forme propre, il en change perpétuellement : c'est une force infinie qui aspire à épuiser l'infinité des formes possibles ; il n'est donc que la série des apparences par lesquelles il se montre ; l'univers se décompose, se recompose sans cesse, l'état présent sort de l'état qui précède et prépare l'état qui suit ; ainsi tout ce qui est est un moment de l'existence nécessaire de l'éternel univers. Ces vues sont grandes, on le reconnaîtra ; mais le malheur de l'école critique, si elle est conséquente, est qu'elle est forcée de tout absoudre. Elle ne le fait pas toujours, et nous en félicitons les hommes qui aiment mieux rester fidèles à eux-mêmes qu'à la doctrine ; il y a eu néanmoins, hors de notre pays, des savants qui soutenaient que tout gouvernement est bon là où il est, du moment qu'il est, et chez nous-mêmes, dans la critique littéraire, où les hérésies sont plus innocentes, on a été témoin de quelque chose de semblable. A chaque découverte que cette critique faisait dans les littératures étrangères ou dans les premiers âges de la nôtre, dès qu'elle reconnaissait dans un ouvrage l'empreinte du génie d'une époque ou d'une nation, cet ouvrage lui semblait admirable, elle ne trouvait rien à lui préférer. De là aussi est venue la maxime démocratique, que tous les styles sont égaux.

Pour nous résumer sur cette doctrine prise rigoureusement, il n'y a plus de morale, il y a des mœurs; il y a des comparaisons, il n'y a plus de raison; la science du devoir est remplacée par l'histoire et la géographie, et la conscience est remplacée par la curiosité.

Un mot sur l'école traditionnelle. On a vu, il y a une cinquantaine d'années, des écrivains, qui prenaient de grands airs de philosophie, exalter la raison générale et malmener la raison individuelle. Oui, disaient-ils, il y a une raison, mais elle n'est pas chez les individus, qui inventent toutes sortes de folies, et dont les folies contraires se détruisent : elle est dans l'humanité, elle est l'ensemble des croyances qui se retrouvent dans tous les temps et dans tous les lieux, dans la tradition universelle. En conséquence, ils partaient en quête de cette tradition, c'est-à-dire ils avaient une doctrine qu'ils ne manquaient pas de retrouver partout. Dieu sait ce que c'était que cette érudition, de quelle façon sans-façon était traitée l'histoire des religions, des systèmes, des mœurs et des institutions des peuples depuis la création du monde ! Comme ils savaient poser les demandes pour obtenir les réponses! C'était le suffrage universel en philosophie, pratiqué par de grands artistes dans ce grand art.

Mais supposons l'érudition la plus exacte et appliquons-la à telle ou telle question résolue aujourd'hui par le bon sens public, par exemple, à la question de la sorcellerie, ouvrez l'Étude que M. Baudrillart a consacrée à *Bodin* ou le livre de M. Franck sur *les Réformateurs et Publicistes modernes*, vous y verrez qu'à un moment, au XVIe siècle, la sorcellerie était universellement reconnue, et il y avait longtemps qu'il en était ainsi. Voilà donc que la sorcellerie a pour elle une tradition énorme; faudra-t-il l'admettre dans la raison? Oui, sans doute, si le principe de nos nouveaux philosophes est vrai. Mais si leur principe est vrai au XVIe siècle, il doit l'être également dans notre siècle; pourtant, posez aujourd'hui cette même question de la sorcellerie, il se trouvera que la sorcellerie répugne à l'esprit moderne autant qu'elle convenait à l'esprit ancien. Faites une pareille enquête sur l'intolérance, et le livre de M. Jules Simon sur *la Liberté de conscience* rendra cette enquête facile, vous trouverez que presque toujours, presque partout, l'intolérance a été en honneur, que dans notre siècle même, même maintenant, elle est dans la loi et les mœurs d'un bon nombre de pays. A-t-elle en sa faveur une assez puissante tradition? Pourtant il est certain que l'esprit moderne

n'en veut plus. Il y a donc deux traditions sur la sorcellerie et l'intolérance, l'une qui commence, l'autre qui
finit; à laquelle faut-il croire, s'il n'est permis de croire
qu'à la tradition? Ainsi, au lieu d'une raison humaine,
arbitre infaillible de la vérité, voilà au moins deux raisons, et qui se combattent, sans compter celles qui pourront venir plus tard, car l'histoire ne ménage point les
surprises. Ce qui se passe à propos de cette question nous
avertit de ce qui pourra se passer à propos de toutes les
autres; la guerre, l'esclavage, la peine de mort prodi-
guée, la torture, les sacrifices humains, seront tour à tour
justifiés et condamnés. Nous voilà retombés dans l'anar-
chie, et il n'y avait pas lieu de si mal traiter la raison
individuelle pour lui substituer fièrement la raison générale; tant il faut se donner de peine pour remplacer la
vérité! Cela n'embarrasse pas nos écrivains : ils sont pour
le passé contre le présent; ils ramèneraient le genre humain à l'enfance. L'enfance est charmante à son âge;
mais vouloir bégayer comme elle quand on est vieux, lui
prendre sa déraison et ses jeux cruels sans lui prendre sa
naïveté et sa grâce, cela est proprement insoutenable.

Il nous reste à examiner l'école dogmatique, celle qui
soutient que la raison morale est parfaite, et qui se plaît à
en appeler au consentement universel. Sur un point, elle
est en plein dans le vrai. En effet, la distinction entre le

bien et le mal est quelquefois si claire, qu'elle frappe tous les yeux ; la raison alors parle en nous avec une telle force, que nous reconnaissons, à n'en pouvoir douter, que ce n'est pas une opinion particulière et passagère, mais la voix même de la nature ; cette nature étant la même dans tous les hommes, nous sommes assurés qu'ils jugent comme nous et que, si on les consultait, ils le diraient. Qui osera nier, qui osera affaiblir ces énergiques protestations? Pour nous, nous les écoutons avec bonheur, et nous ne nous lassons pas d'admirer l'éloquence avec laquelle elles sont exprimées dans ce livre *Du Vrai, du Beau et du Bien*, ouvrage achevé du vivant esprit dont chaque jour nous fait sentir plus tristement la perte ; mais plus cette certitude importe, plus il importe aussi de n'y mêler rien qui puisse la compromettre. Or nous nous laissons aller trop volontiers à croire que des vérités plus ou moins éloignées de celles-là sont claires comme elles, et que tous les hommes les approuvent également ; l'enseignement moral glisse aisément sur cette pente, et chacun de nous, quand il combat une opinion, ne manque jamais d'invoquer contre elle le jugement du genre humain ; même il est rare que deux adversaires ne l'invoquent pas l'un contre l'autre. Pourtant on ne peut croire qu'ils aient raison en même temps.

En fait de consentement universel, le difficile est de

recueillir les voix ; aussi, au fond, ceux qui l'invoquent et qui réfléchissent un peu sentent que c'est là le point faible de leur argument. On cherche des moyens d'échapper à cette difficulté ; il plairait davantage de trouver quelque part ce témoignage tout venu : il ne s'agirait que de trouver des hommes chez qui la raison universelle subsistât dans sa première pureté. Il n'y a pas longtemps encore, quand on voulait appuyer une idée, juste ou fausse, par quelque autorité imposante, on invoquait hardiment le témoignage des peuples qui n'étaient pas parfaitement connus et ne risquaient pas de l'être prochainement. Les sauvages ont été ainsi fort en honneur. Étrangers à la civilisation, ils étaient censés représenter la nature, et on les attestait comme on aurait attesté la nature en personne, si elle avait daigné se montrer. Ils prononçaient en dernier ressort sur la philosophie et sur la morale ; ils étaient chargés de faire honte à ceux qui n'étaient pas de notre avis. La forme ordinaire de l'invocation était celle-ci : « Consultez les nations sauvages, parcourez les nations sauvages, toutes vous diront que, etc., etc. » Celui qui exprimait un doute sur ce que vous affirmiez n'avait, en effet, qu'à aller voir sur les lieux, à parcourir et à consulter les nations sauvages ; mais ce n'était pas très-facile, et il consentait à tout plutôt que d'entreprendre le voyage et d'apprendre les langues nécessaires pour adresser les questions et entendre les réponses. Par malheur, depuis quelque temps les moyens de transport se sont tellement améliorés, et tant de voyageurs se sont aventurés dans les pays lointains, que nous commençons tous à ne pas mal connaître les sauvages. Ils y ont beaucoup perdu : il n'est plus aisé de voir en eux la nature encore entière, encore inaltérée et parfaite dans sa vérité primitive ; au lieu de cela, on n'a vu qu'une ébauche ou un avortement. Un autre peuple, les Chinois, ont joui également d'un grand crédit. Il y a eu un temps, et ce temps n'est pas bien loin de nous, où l'empereur de la Chine était populaire en France ; j'ai encore devant les yeux une image qui représentait cet empereur, la main sur une charrue, ouvrant lui-même un sillon en présence de ses sujets, pour honorer l'agriculture. On ne pouvait contempler cette image sans se sentir attendri, sans envier le bonheur des peuples qui jouissaient d'un tel spectacle, et sans désirer de vivre à jamais sous les lois d'un si excellent monarque. La Chine était loin alors ; depuis elle s'est rapprochée ; aujourd'hui elle est à nos portes ; il faut bien l'avouer, à mesure qu'elle a été mieux connue, elle a, elle aussi, beaucoup perdu ; on n'a pas vu l'empereur ouvrir ce fameux sillon, mais on a vu des imbécillités et des barbaries, et, dans un moment de réaction contre l'excellent monarque, on a brûlé son palais d'été. Il est difficile de garder le même respect pour des gens avec qui on a pris de pareilles libertés.

Ainsi la raison morale n'est ni altérée, ni parfaite, ni mobile, en ce sens qu'il n'y aurait en elle que des formes et point de fond. Qu'est-elle donc alors?

Montesquieu a dit admirablement que « les lois sont les rapports nécessaires qui dérivent de la nature des choses » ; connaître l'homme, c'est donc connaître sa loi. Il est un corps et un esprit ; le corps, comme corps, a sa loi, qui est de vivre le plus complétement possible de la vie physique ; l'esprit, comme esprit, a sa loi, qui est de vivre le plus amplement possible de la vie intellectuelle et morale ; ainsi chacune de ces deux forces isolées a sa loi propre, qui dérive de son essence ; mais dès qu'on met le corps et l'esprit ensemble, il paraît de nouveaux rapports : le bien-être du corps, d'un être passager, ne vaut pas évidemment la recherche de la vérité. Et aussi noble que soit cette recherche, il y a encore quelque chose au-dessus. Comme l'individu n'est pas du même prix que l'espèce, tous les biens personnels, même les plus estimables, passent après le bien de la communauté, et les sentiments les plus élevés sont ceux qui nous détachent de nous, pour nous attacher aux autres. Ajoutons que, plus la communauté est vaste, plus le rapport qui nous attache à elle est étroit, plus le devoir est sacré : on ne peut sacrifier la patrie à l'amitié, à la famille, ni l'humanité à la patrie. Ainsi chacune des forces qui sont en nous va de son côté, à sa perfection, mais, quand elles sont en présence, il s'élève une règle qui pourvoit à la perfection du tout, une règle qui met chaque chose à sa place : la vérité au-dessus du plaisir, et au-dessus du plaisir et de la vérité même le dévouement. C'est un ordre, une hiérarchie, une harmonie, c'est la loi morale, qui est le rapport nécessaire entre la nature et la destinée de l'homme. Si ce que nous avons dit est exact, la loi morale n'est pas un code toujours ouvert qu'il suffit de feuilleter ; pour le connaître, il faut connaître l'homme, et mieux il est connu, mieux elle est connue aussi. Or cette connaissance n'est pas d'abord complète.

Quelques traits se détachent, au premier regard, nettement : l'homme se reconnaît tout de suite comme lié à l'homme par la famille, par la patrie ; de là naissent des sentiments généreux et de grands dévouements ; ce sont comme les premières assises de la société humaine, assises qu'on est heureux de découvrir partout où il y a quelques individus qui se rassemblent ; mais, du reste, combien de graves ignorances et de graves erreurs ! Des deux êtres dont est formé notre être, le corps est le plus apparent : il nous avertit de son existence à chaque minute ; c'est un maître impérieux, qu'il faut promptement servir, sous peine de mort; entre les sentiments de l'âme, ceux qui ont, dès le commencement, toute leur force, sont, à part quelques moins durs instincts que nous venons de dire, ceux qui se rapportent à nous, qui font que nous nous aimons nous-mêmes et qui poursuivent aveuglément leur satisfaction. Auprès de ces préoccupations qui nous pressent et nous envahissent, les jouissances de l'intelligence sont un luxe, et il n'y a pas de place pour les délicatesses et les sublimités morales. De tels individus il se formera des sociétés, grandes ou petites, qui ne verront de l'homme que ce que chacun en voit en lui-même, n'estimeront la valeur des personnes que par là, les enfermeront encore plus étroitement dans leurs idées, et pénétrées, comme il est naturel, de leur supériorité sur le reste des peuples, qu'elles traitent de barbares, et desquels elles auraient honte de rien apprendre, resteront des siècles sans soupçonner que la nature humaine est plus large et plus haute que cela. Ces individus et ces sociétés, nous ne les inventons pas pour l'utilité de notre thèse; ils ont couvert le monde et on les retrouve encore dans quelques parties moins accessibles, comme celles que de courageux voyageurs ont visitées et où ils ont malheureusement ou indignement péri.

Il faut donc du temps pour que l'homme se connaisse, pour que les principes moraux sur lesquels la vie humaine repose se découvrent et que la raison se forme ; mais quand même tous ces principes seraient découverts, il y aurait encore à les appliquer, et ici il s'élève des obstacles. Prenons des exemples. On conviendra que la société humaine repose sur la liberté, l'égalité et la fraternité réunies. La liberté fait qu'un homme est un homme, l'égalité met les hommes au même niveau et la fraternité les rapproche. Il est visible que la perfection des sociétés est là ; comment donc arrive-t-il que ces trois choses aient tant de peine à s'établir ? Considérons la liberté, à laquelle les deux autres reviennent ; ainsi que l'a dit excellemment M. Laboulaye, « L'égalité n'est que la liberté égale », et l'on peut ajouter que, si les deux premières étaient fondées, le sol serait fait pour la troisième, car il n'y a d'amitié qu'entre égaux.

La liberté première, sans laquelle les autres n'existent pas, est la liberté personnelle. S'il y en a une qui doive être éternellement reconnue, il semble que ce soit celle-là ; il n'en est rien. On ne nie pas que l'homme doive être libre, mais on refuse d'appliquer ce principe dans certaines circonstances particulières. Écoutons les raisonnements par lesquels on a soutenu l'esclavage. Les esclaves ne sont pas des hommes, ce sont des animaux ou moins que des animaux, des outils ; ce sont des hommes, si l'on veut, mais d'une race inférieure, et auxquels la race supérieure doit naturellement commander ; qu'ils soient ou non de race égale, ils sont esclaves du droit de la guerre ; sinon du droit de la guerre, du moins du droit de l'argent dont on les a payés ; du droit de la volonté, par laquelle ils se sont donnés ; du droit de la société qui ne peut se passer de leur travail ; du droit de la loi qui les a faits tels ; du droit de la religion qui leur ordonne de respecter les puissances ; enfin du droit de la charité qui veut leur bonheur et craindrait de changer leur condition facile et douce contre les fatigues et les périls de la responsabilité personnelle. Voilà, j'espère, assez d'obstacles opposés au principe de la liberté humaine : quand l'un est tombé, l'autre s'est élevé aussitôt, et il n'y en a pas un qui n'ait arrêté quelque temps la vérité ; mais il n'y en a pas un non plus qu'elle n'ait renversé. La raison détruit peu à peu tous ces raisonnements. L'esclave est un homme ; de race inférieure ou supérieure, tout homme a le libre arbitre et la conscience, il n'appartient donc qu'à soi-même ; le droit de la guerre n'est que le droit de la force ; un homme n'est pas une propriété, car il ne peut pas être vendu ni se vendre ; et l'on a beau dire qu'il a voulu être esclave, car nul n'a le droit de renoncer à sa liberté ; la société invoque pour elle la nécessité de vivre : ce n'est pas la peine qu'elle vive si elle est mauvaise, si elle repose sur l'iniquité ; la loi est vaine : il n'y a pas de droit contre le droit; la religion ne peut consacrer le mal ; la charité est une chose admirable, mais la charité passe après la justice, et la justice, ici, c'est la liberté.

Une autre liberté assez évidente est la liberté religieuse ; que de mal elle a à s'établir ! Elle ne l'est pas encore partout, il s'en faut, au moment où nous parlons. Tantôt on croit follement que Dieu est offensé par les idées fausses que nous nous formons de lui ; tantôt, par esprit de charité, on veut empêcher les âmes de se perdre, et on ne leur laisse que la liberté si ingénieusement appelée la liberté du bien ; tantôt c'est la société civile qui croit que son existence ou sa prospérité sont liées à la profession de certains dogmes religieux, et qui interdit la profession des autres. Sans remonter jusqu'au moyen âge, faut-il rappeler que la révocation de l'Édit de Nantes a été approuvée chez nous par la nation presque entière ? Faut-il signaler de grands peuples qui, en ce moment même, interdisent formellement ou entravent d'une façon misérable la déclaration d'opinions religieuses autres que l'opinion officielle ! Malgré tout, la liberté religieuse fait son chemin, la raison renverse successivement les obstacles qu'on y a opposés. Une fois, elle établit qu'il n'y a d'offense que l'offense volontaire, et met la majesté de Dieu hors de cause; une autre fois, elle déclare que le libre arbitre consiste à être libre à ses risques et périls, et elle se rit de cette liberté du bien, qui n'est, à vrai dire, que la liberté du rien; une autre fois, elle rompt le lien entre l'État et telle ou telle doctrine religieuse : elle rappelle que la société civile ne prend qu'une partie de l'homme, que la conscience lui échappe ; elle montre à une société d'autres sociétés qui subsistent et prospèrent, quoiqu'il y règne une religion différente de la sienne ou plusieurs religions ensemble ; elle lui montre une même société survivant à des révolutions religieuses ; elle lui rappelle que, malgré la Réforme, l'Angleterre est restée l'Angleterre, et la France la France.

Nous avons pris ces deux exemples de la liberté personnelle et de la liberté religieuse ; mais quelle curieuse revue nous pourrions faire si nous prenions le reste des libertés civiles et la liberté politique ! On verrait toutes les libertés naturelles, celle de parler, d'écrire, de se réunir, de posséder, de se défendre, d'examiner la gestion des affaires publiques et d'y contribuer pour sa part, etc., etc. ; on verrait, disons-nous, toutes ces libertés, longtemps arrêtées par la raison d'État, qui les déclare mortelles pour tout gouvernement et pour toute société, s'introduire peu à peu et enfin se faire accepter, soit qu'on ait souffert du malaise d'en être privé, soit que la vue d'autres peuples chez qui elles s'exerçaient ait appris qu'elles ne tuent pas nécessairement ceux qui les reçoivent, et qu'il y a, à les admettre, en même temps plus de dignité et de sécurité.

Ainsi il ne suffit pas qu'un principe moral soit connu ; pour se faire admettre dans la pratique, il a à lutter contre des préjugés : un préjugé tombe, un autre se dresse derrière celui-là, qu'il faut encore abattre, jusqu'à ce que le dernier soit détruit. La raison chemine à travers les illusions ; la civilisation consiste à user toutes les idées fausses, et si nous devons croire que le monde ne finira pas avant que toutes les idées fausses soient usées, c'est un des motifs qui font espérer qu'il n'est pas près de sa fin.

Nous voudrons éclaircir encore ce que nous venons de dire. Pour cela, transportons-nous de la philosophie dans l'histoire : prenons la société dans une période de quelques siècles, voyons les idées vraies et les idées fausses habiter ensemble, puis se démêler ; nous verrons à l'œuvre la puissance de la raison qui fait ce triage, renvoyant l'erreur à l'erreur et la vérité à la vérité. Le livre de M. Franck sur les *Réformateurs* (1) *et publicistes du moyen âge et de la Renaissance* nous aidera beaucoup dans cette étude.

A prendre le mot de réformateurs dans son sens le plus large, il n'y a pas un des publicistes dont on s'occupe ici

____

(1) Michel Lévy, 1 vol. in-8.

qui ne fût en même temps réformateur ; mais, en lui laissant la nuance de réforme radicale et plus ou moins chimérique, nous ne trouvons que trois réformateurs : un parti de Franciscains du XVIe siècle, puis Thomas Morus et Savonarole.

Il y eut en effet des Franciscains qui rêvèrent des so-ciétés religieuses et politiques d'où la propriété serait bannie ; les plus illustres sont Michel de Césène et Okam. Amants de la pauvreté, ils s'exaltaient si fort dans leur amour, qu'ils ne voulaient pas admettre qu'ils possédas-sent rien en propre, ni les biens de la communauté, ni même leurs aliments, ne s'accordant que l'usage de fait et rapportant la propriété à l'Église romaine. On vit ce singulier procès porté devant le pape, et le pape condamnant les Franciscains à posséder malgré eux. Condamnés de ce côté, ils se retournèrent vers l'Empe-reur, lui attribuant la propriété de toutes les choses ter-restres et ne laissant plus de droit à la papauté que sur les choses célestes. Ils n'avaient à cœur que la destruction de la propriété individuelle ; peu leur importait, au fond, qu'elle fût à un maître ou à un autre, pourvu que ce maître ne la restituât point ; c'est bien ici « l'entreprise » d'un moine qui voudrait façonner le monde à l'image de » son couvent, tandis que dans son couvent il introduit » l'utopie. »

Thomas Morus, lui aussi, abolit la propriété individuelle, mais au nom d'un autre principe. Michel de Césène et Okam envisageaient la perfection spirituelle ; lui, il envisage le bonheur temporel de ce monde ; c'est pour assurer ce bonheur qu'il détruit la propriété, source de tous les maux ; il met à la place le communisme, égayé par le travail attrayant, aidé, il est vrai, du travail des esclaves ; les citoyens et les esclaves jouissent d'ailleurs du plaisir de voir le chef de l'État et le grand prêtre passer dans les rues avec les insignes de leur dignité : le premier portant à la main un bouquet d'épis, le second précédé d'un cierge allumé, tous les deux occupés de réglementer dans la dernière précision les grandes et les petites actions de la vie de leurs sujets, pour mieux assurer la félicité universelle. Tout cela se passe dans un pays privilégié, qui porte le nom d'Utopie ; si l'idée n'a pas réussi, le nom du moins a fait fortune et reste attaché à celui de Thomas Morus.

Il ne faut pas croire pourtant que toutes les idées du réformateur fussent de ce caractère ; l'éclat des erreurs a caché les parties vraiment sérieuses de l'ouvrage, qu'il est juste de rétablir. Outre la conception d'une société idéale, il renferme la critique de la société existante, critique hardie et profonde. L'auteur pense, à cette date de 1516, que les rois sont faits pour les peuples, et non les peuples pour les rois, que l'honneur du pouvoir est de conduire des peuples heureux et libres ; il combat le principe qui veut que toute propriété appartienne aux princes, et que les sujets ne soient que ses fermiers ; plus de deux siècles avant Montesquieu et Beccaria, plus d'un siècle avant Grotius, comme M. Franck le remarque, il réclame une législation équitable, qui proportionne les châtiments aux délits, il trouve, par exemple, qu'il n'y a pas de proportion entre le vol et la mort, dont on le punissait ; il demande à la société, toujours en souci de réprimer le mal, de s'occuper de le prévenir, en instruisant et moralisant les citoyens ; il accuse la guerre, qui était alors presque perpétuelle, et en énumère les malheurs. En fait de croyances, il invoque la liberté pour toutes celles qui peuvent se concilier avec les lois, car la vérité n'a pas besoin de contrainte, et s'il excepte l'athéisme, l'épicuréisme et le matérialisme, s'il exclut des magistratures et des charges publiques ceux qui professent ces doctrines, s'il défend qu'on les propage dans le peuple, il les livre du moins à la discussion de la haute science ; il n'exile pas leurs adeptes, comme Rousseau le fera.

Thomas Morus a été soumis à une rude épreuve. L'audacieux réformateur n'avait pas prévu la Réforme, qui se fit sans lui et ne prit pas ses conseils. Il ne la supporta

point; associé aux colères du roi Henri VIII contre la
religion naissante, il justifia, il invoqua les derniers supplices contre les hérétiques; il se vante d'avoir été leur
effroi. Mais voilà qu'il n'avait pas prévu davantage les
changements qui devaient se faire dans l'esprit de
Henri VIII; il lui fut ordonné un jour de se soumettre à
la suprématie spirituelle du roi; il refusa, et, enveloppé
dans une accusation injuste, il mourut courageusement;
il connut là ce que vaut la tolérance qu'il avait autrefois
si cruellement méconnue.

Ni nos Franciscains ni Thomas Morus n'ont vu leur
idéal réalisé; Savonarole a eu ce bonheur, s'il est permis
d'appeler ainsi une expérience qui lui a valu le désen-
chantement et la mort. Il a créé à Florence, il a mis en
œuvre, il a fait marcher pendant plusieurs années, un
gouvernement qui, dans son idée, était le plus parfait de
tous ceux que l'imagination peut rêver, le gouvernement
direct de Dieu. Sans doute, si l'on regarde les pouvoirs
institués par la volonté des citoyens, c'est un gouvernement humain, comme les autres; si l'on regarde la nature
de ces pouvoirs, c'est une aristocratie; si l'on regarde
enfin l'intervention de la foule, qui leur ordonne de faire
ceci ou cela, c'est une démocratie; mais quand on réflé-
chit que celui qui soulève cette foule la soulève au nom
de Dieu, et qu'il veut établir la sainteté sur terre, ordon-

nant, défendant ce qui sert ou ce qui contrarie la vie angélique, c'est une théocratie, car ici les hommes règnent et Dieu gouverne.

Après les réformateurs, arrivons aux publicistes. La grande question qui les préoccupe dans un long intervalle, et qui est passionnément débattue entre eux, est la question des limites entre le pouvoir spirituel et le pouvoir temporel. Saint Thomas d'Aquin et celui que l'on croit être Gilles de Rome décident pour le pouvoir spirituel.

Il y a dans saint Thomas d'Aquin un philosophe et un théologien, tous les deux de premier ordre; mais, à un moment, le philosophe s'efface devant le théologien. Le philosophe parle avec une force admirable de la loi naturelle et de la raison naturelle qui dicte cette loi; selon lui, la loi civile doit se proposer d'interpréter la loi naturelle et de l'appliquer aussi exactement que possible; lui-même l'interprète et l'applique, et l'on rapporte de ses livres une foule de maximes d'une admirable vérité, qui semblent toutes fraîches de ce siècle-ci et de ce jour. Mais après que le philosophe a achevé son œuvre, vient le théologien, qui reprend toutes les questions, pour les envisager d'un point de vue supérieur, où tout change; il découvre de là un ordre surnaturel, qui renferme et presse l'ordre naturel de toutes parts : au commencement, la chute; à la fin, la béatitude céleste; dans cet ordre nouveau, ce qui était illégitime auparavant est légitimé : l'esclavage est la juste conséquence de la chute, et la béatitude céleste est d'un prix tellement incomparable aux autres biens, que les sociétés doivent s'organiser uniquement pour y conduire. Or, le seul guide assuré est la loi de Dieu, révélée par lui-même à son Eglise. Donc, si les rois règnent sur les peuples, Dieu règne sur les rois : « Les rois ont le droit et même le devoir d'exiger tout ce » qui conduit au bonheur céleste; ils ont le droit de dé- » fendre tout ce qui peut en écarter », et le juge suprême de ce qui conduit là ou de ce qui en écarte, c'est l'Eglise, c'est le Pape.

Gilles de Rome, qui avait écouté treize ans les leçons de saint Thomas d'Aquin, est son disciple intempérant et compromettant. Selon lui, l'Eglise institue et destitue les rois quand il lui plaît; les rois ne sont que ses délégués auprès des peuples, pour les subordonner aux lois de l'Eglise; la propriété même n'existe que par une pareille délégation : nul ne peut posséder légitimement, soit un champ, soit une vigne ou quelque chose que ce soit, s'il ne les possède sous l'autorité de l'Eglise et de par l'Eglise. Par conséquent, les hérétiques, les mécréants, tous ceux qui vivent en dehors de l'Eglise, et même les fidèles, avant d'avoir reçu l'absolution d'un péché mortel, sont absolument indignes de posséder, et, au lieu d'être les propriétaires de leurs biens, n'en sont que les détenteurs injustes.

Telles sont les doctrines que le XIIIe siècle lègue au XIVe, où elles soulèvent la plus vive opposition.

Dante sépare les deux pouvoirs, et il trouverait bien des hommes de notre temps pour adopter son opinion ; mais les raisons par lesquelles il la soutient sont bien à son temps et à lui : il démontre que la monarchie universelle, représentée par l'Empire, est nécessaire au bonheur du genre humain ; puis, que le peuple romain, qui a exercé légitimement cette monarchie universelle, a pu la transmettre légitimement aux empereurs d'Occident. Remarquons cette question, étrange maintenant, de la monarchie universelle. Plus d'un prince, plus d'un peuple dans l'histoire a pu songer à se faire une telle souveraineté ; mais, cette fois, ce n'est pas le rêve de l'ambition d'un homme ou d'un peuple, c'est une thèse philosophique, une question d'école, que Dante traite avec tout le sérieux de l'école. La monarchie universelle lui paraît naturelle, car dans le corps humain il n'y a qu'un gouvernement et il n'y en a qu'un aussi dans l'univers ; s'il est vrai que le genre humain ne subsiste que par la justice, est-il possible que la justice se maintienne, si elle n'a pas à son service un pouvoir assez fort ? Mais, dit-on, est-il certain que ce pouvoir voudra nécessairement le bien ? Oui, répond Dante, car il ne peut vouloir le mal. Celui qui est parvenu à ce rang suprême, n'ayant plus rien à désirer pour lui-même, attache nécessairement son ambition et toutes ses facultés à faire le bien des autres. N'ayant point de rivaux, n'ayant point d'égal, il est sans envie, sans jalousie, sans haine; il ne peut éprouver pour ses semblables que de l'amour. Or s'il en est ainsi, la monarchie universelle n'est pas seulement la garantie de la paix, elle est aussi le meilleur gage de la liberté, et elle communique à tous les pouvoirs inférieurs et qui émanent d'elle les mêmes sentiments de justice, de bienveillance, d'amour dont elle est animée. L'histoire est là pour le prouver. A-t-il jamais existé un gouvernement meilleur, plus bienveillant et plus juste que celui d'Auguste, quand l'univers entier obéissait à ses lois?

On ne s'attendait pas précisément à cet éloge du peuple romain. Dante ne s'arrête pas là, et quand il en vient à examiner si le peuple romain exerçait légitimement la monarchie universelle, il atteste en faveur de son client les plus étranges priviléges : sa noblesse, qui date d'Enée; le jugement de Dieu, dans son duel contre les nations, les miracles réels accomplis en sa faveur, parmi lesquels le bouclier tombé du ciel sous Numa, et la tempête qui empêche Annibal de profiter de sa victoire; enfin, la naissance du Christ dans l'empire romain et son procès devant un tribunal romain, qu'il a donc reconnu. La conclusion est que ce pouvoir légitime peut être légitimement transmis et l'a été au moderne empire.

Il reste à décider dans quel rapport le pouvoir spirituel est avec celui-là. Pour prouver qu'ils sont indépendants, que le Pape n'a pas de droit sur l'Empereur, les arguments se pressent et composent la discussion la plus étonnante pour des hommes de notre temps; un de ces arguments en donnera l'idée. Les partisans de la suprématie du pouvoir spirituel rappellent le passage de la Genèse où il est dit que Dieu fit deux grands luminaires, un plus grand pour éclairer pendant le jour et un plus petit pour éclairer pendant la nuit. Naturellement ils trouvent que ces deux luminaires sont le pouvoir spirituel et le pouvoir temporel, le Pape et l'Empereur, dont le premier est représenté par le soleil et le second par la lune; naturellement aussi, la lune recevant sa lumière empruntée du soleil, le pouvoir temporel reçoit son autorité du pouvoir spirituel. Que répondre à cela? Ceux qui entendent affranchir le pouvoir temporel y répondent. Ces deux luminaires, dit Dante, ne peuvent pas s'appliquer à l'homme, à la société humaine, car ils ont été créés le quatrième jour, et l'homme le sixième, et le pouvoir ne saurait exister avant le sujet où il réside.

L'auteur du *Traité des deux puissances* procède, comme Dante, avec un appareil didactique compliqué, et se sert, comme lui, de raisons qui ne seraient plus toutes de notre époque. Il s'agit pour lui de démontrer que les deux puissances sont distinctes et que le Pape n'a aucune autorité en matière temporelle. « On démontrera », dit-il, « cette proposition : 1° par des raisons tirées de la nature, » c'est-à-dire par des arguments philosophiques; 2° par » des raisons théologiques; 3° par le droit canon; » 4° par le droit civil. » Et il se met à l'œuvre. Les raisons philosophiques sont tirées d'Aristote. « Aristote » pris pour arbitre dans la question des attributs du » Saint-Siége! » s'écrie M. Franck, et il rappelle que, dans tout le moyen âge, Aristote était regardé comme la raison écrite, que nul n'eût osé raisonner sans s'appuyer sur un texte, que la pensée n'avait pas encore appris à marcher seule. Les textes sacrés se joignent à ceux-là pour les confirmer; ils sont exposés et discutés avec vigueur; ils établissent le champ de la controverse qui sera reprise plus tard par les protestants et les gallicans, et qui est maintenant ressuscitée. Quant au droit civil, aucun publiciste actuel, je m'imagine, pour prouver que la France est indépendante du Saint-Siége, ne se croira tenu de prouver qu'elle existait avant l'empire romain, qu'après la prise de Troie, douze mille Troyens, conduits par Anténor, émigrèrent en Hongrie, d'où ils descendirent plus tard sur les bords du Rhin, reçurent des Romains le nom de Francs, à cause de leur indépendance, et se fixèrent enfin dans la Gaule, où ils fondèrent le royaume de France, avec ce privilége de n'avoir jamais appartenu à personne.

Puisque la question des deux puissances est aujourd'hui même à l'ordre du jour, il nous semble que les lecteurs auront plaisir à voir sous quelle forme elle a autrefois paru. Comme le dit fort bien M. Franck, « dans ce » temps-là les questions les plus vivantes, les plus sérieu- » ses sont encore des questions de texte, où la dialecti- » que la plus subtile, disons le mot, la plus puérile, est » également mise en usage par les deux partis et dissimule » leur véritable pensée ». Plus tôt ou plus tard, nous aussi nous serons jugés; tâchons qu'on ne porte pas de nous un jugement aussi sévère.

Telle qu'elle s'agita alors en France, la question parut sous une forme plus dégagée. Elle paraît ainsi dans la discussion qui eut lieu en 1329, sous Philippe de Valois, lorsque s'éleva la querelle entre les barons et les évêques sur les limites de leurs juridictions respectives. La conférence eut lieu à Vincennes devant le roi : le chevalier Pierre de Cugnières, conseiller du roi, célèbre jurisconsulte du temps, plaidait pour le pouvoir laïque; Pierre Roger, qui devint plus tard Clément VI, et Pierre Bertrand, le futur cardinal, représentèrent le clergé. Il va sans dire que cette conférence ne termina pas la querelle; mais les droits que les évêques exerçaient parurent exorbitants quand un habile ennemi comme Pierre de Cugnières montra ces évêques envahissant la justice civile, et l'on dut réfléchir lorsqu'un imprudent ami comme Pierre Bertrand prononça ces paroles : « Quand l'Église a fait ce qu'elle » a pu avec son bras spirituel, elle peut, de droit divin et » humain, recourir au bras séculier, et si le seigneur » manque d'obéir... il n'y a pas d'inconvénient de procé- » der contre le seigneur. » Peu importe que la conférence n'ait pas abouti entre les adversaires ; il y avait l'opinion, qui s'instruisait, pour prononcer à son heure. Elle fut profondément émue par un livre qui fut publié en latin en 1376 et traduit l'année suivante par l'auteur lui-même ; ce livre était *le Songe du verger*, discussion suivie entre un chevalier et un clerc, et conduite avec un art qui assura au livre un succès immense. M. Franck en a donné une très-intéressante analyse ; rappelons-en au moins les conclusions principales. L'auteur sépare nettement le pouvoir spirituel et le pouvoir temporel et met chacun chez soi ; de même il sépare la loi civile et la loi religieuse ; il n'admet de contrainte que pour la loi civile ; il impose les biens du clergé comme tous les biens, en échange de la protection que l'État leur accorde comme aux autres ; il donne pour seuls fondements à la noblesse l'intelligence et la vertu ; il veut que la guerre soit juste, et ne reconnaît de guerre juste que celle qui a pour but la paix de l'État ; ainsi il n'admet que la guerre défensive et en dénie le droit à tout autre qu'au souverain, contre la coutume de ces temps ; il condamne la guerre contre les infidèles quand ils sont en paix avec la chrétienté, et se prononce contre les Croisades ; il protége les Juifs et n'entend pas qu'ils soient tourmentés quand ils sont innocents ; il regarde les sorciers comme des malades, qu'il est cruel de persécuter pour des crimes imaginaires ; il range l'astrologie parmi les rêveries, et rappelle les hommes, surtout les princes, aux sciences solides qui améliorent les États. Le *Songe du verger* en finit aussi avec la chimère de la monarchie universelle, avec le droit prétendu du peuple romain, le droit de ceux qui se portent pour ses héritiers ; la monarchie française existe à aussi bon droit que l'empire romain ; il y a plus d'un pouvoir sur cette terre, et tous viennent également de Dieu.

Mettons à part trois publicistes, qui, sortis des préoccupations du moyen âge, sont tout à fait modernes par l'esprit scientifique et dégagé qu'ils apportent dans les questions.

Marsile de Padoue se demande quel est le bien de la société, le bien de l'État. Ce ne peut être que le bien de ses membres ; sans cela, ils ne se seraient pas réunis. Il n'y a pas de paix dans la société sans ordre, et l'ordre consiste en ce que chacun y tient sa place, sans empiéter sur les autres. Ici Marsile, s'élevant au-dessus des distinctions arbitraires créées par la conquête, divise l'État en six fonctions, comme six organes, trois privées : l'agriculture, le commerce, l'industrie; trois publiques : le sacerdoce, la magistrature et l'armée. Pour que chacun dans l'État soit ce qu'il doit être, il faut une loi et quelqu'un qui la fasse respecter. Le pouvoir législatif ne peut appartenir qu'au peuple. A défaut de l'unanimité, la majorité des voix est nécessaire ; la loi établie ainsi est légitime et est seule assurée de l'obéissance, car en s'y conformant, chaque citoyen ne fait qu'obéir à lui-même. Comme M. Franck le fait observer, c'est le principe, ce sont les mots mêmes du *Contrat social*. Marsile pense encore, comme Rousseau, que la volonté générale ne peut pas errer, parce qu'elle va toujours à l'intérêt public, que le peuple discerne par une sûre lumière. Quant au pouvoir qui fait respecter la loi et que notre auteur appelle de son nom, le pouvoir exécutif, il est créé par le peuple et n'existe que par lui. Il faut bien distinguer la loi civile et la loi religieuse : la loi civile, qui ne considère la société que dans le temps, la loi religieuse, qui envisage notre salut éternel. Conformément à ce principe, Marsile professe, et il est le premier chez qui cette vérité se trouve, que la qualité de citoyen, avec les devoirs et les droits qui en découlent, est tout à fait indépendante de la religion que l'on professe. Aussi il déclare que les hérétiques et les infidèles, en tant qu'ils s'écartent de la loi évangélique, ne sont responsables que devant Dieu.

Venons à Machiavel. Si son génie est incontesté, ses intentions sont perpétuellement interprétées en sens divers. Comme on ne connaît guère de lui que *le Prince*, et de ce livre que quelques maximes odieuses, les uns ont vu en lui un conseiller du despotisme, conseiller sans scrupule ni pudeur ; les autres ont vu en lui un républicain déguisé, qui livrait aux citoyens le secret des tyrans. Que penser, en effet, de l'homme qui a émis des maximes comme celle-ci : « Les cruautés doivent être commises » toutes à la fois, pour que, leur amertume se faisant » moins sentir, elles irritent moins. Les bienfaits, au » contraire, doivent se succéder lentement, pour qu'ils » soient savourés davantage. — Il faut éviter les demi-» mesures, les moyens termes dans la bonté ou dans la » rigueur. — Les hommes doivent être caressés ou » écrasés ; ils se vengent des injures légères, ils ne le » peuvent quand elles sont trop grandes ; quand il s'agit » d'offenser un homme, il faut donc le faire de telle ma-» nière qu'on ne puisse redouter sa vengeance. » Que penser aussi de la foi jurée, qu'il est bon de violer à propos, des cruautés bien employées, de la recommandation de tuer ses ennemis plutôt que de confisquer leurs biens, parce que les hommes oublient plutôt la mort de leurs pères que la perte de leur patrimoine? Le livre qui contient cela n'est-il pas le manuel de la tyrannie? Certainement, et il est vrai que Machiavel a écrit *le Prince*, mais il a écrit aussi les *Discours sur Tite-Live*. Si dans ces discours il donne encore de mauvais conseils, s'il absout les actions par les résultats, s'il subordonne la morale à la politique, s'il fait de la religion un instrument de règne, cette fois c'est pour enseigner aux États libres les moyens de garder leur liberté. Enfin il a écrit le *Discours sur la réforme de la Constitution de Florence*, qui est mieux qu'un écrit, qui est l'acte d'un patriote qui ne craint pas de se compromettre pour servir son pays. Sur cette plus large information, M. Franck appuie un jugement plus large que les jugements ordinaires : « En lisant avec un esprit impartial et réfléchi, on acquiert bientôt la conviction que l'auteur n'a eu l'intention de flatter ni les peuples ni les rois, mais que, libre de toute idée préconçue, de toute théorie arrêtée d'avance, son vigoureux génie a essayé de tracer, d'après l'histoire, les lois du despotisme comme celles de la liberté, et, par-dessus tout, les conditions de la nationalité. Logicien impassible du fait, il vous prescrit ce que vous avez à faire et vous prévient de ce qui arrivera, selon le parti que

vous désirez prendre. Êtes-vous pour la liberté? voici
par quelles lois, par quelles institutions vous la pourrez
conserver et par quelles fautes vous la pourrez perdre :
lisez les *Discours sur Tite-Live*. Êtes-vous pour le despotisme ? voici également dans quels États, dans quels
temps, chez quels peuples, à la faveur de quelles circonstances vous pouvez le fonder, par quels moyens terribles
vous serez obligé de le défendre contre la haine que vous
inspirerez et l'amour naturel de la liberté, par quels événements et quelles surprises il échappera de vos mains :
lisez le *Traité des Principautés*. »

Tel est réellement Machiavel ; « logicien impassible du
fait », il ne demande à l'histoire que des expédients.
Bodin en fait un plus haut usage : il s'élève jusqu'à la
philosophie de l'histoire, il établit un rapport entre les
formes de gouvernement et les pays où elles naissent ; après
avoir appliqué cette vue à l'étude du droit, dans son
Traité de la méthode de l'histoire, il l'applique à la politique, dans sa *République*, par laquelle il est surtout
célèbre. Plus philosophe que Machiavel, il s'interroge sur
la nature et le but des sociétés, qu'il fonde sur la justice,
sur le bien de tous, et ne confond pas la société avec les
gouvernements changeants ; sa sagesse est un compromis
entre la philosophie et l'histoire, entre la raison et les
faits ; il est également éloigné de la prétention de faire

régner sur la terre la raison toute pure, et de la disposition à ériger tout fait en droit; il veut que la raison pénètre insensiblement les faits. « Il faut », dit-il, « au gou-
» vernement des États suivre ce grand Dieu de nature qui
» procède en toutes choses lentement et petit à petit,
» faisant croître d'une semence menue un arbre en gran-
» deur et grosseur admirables. » Il attend de ce progrès
inévitable l'unité de législation, l'égalité devant la loi,
l'accessibilité des fonctions et des honneurs publics à toutes les classes de citoyens, la répartition de l'impôt en
proportion des fortunes, enfin la liberté de conscience.

Quand un homme de nos jours lit ce que nous venons
de lire, il y a des réflexions qui lui viennent à chaque
page; nous voudrions les dégager. D'abord il se dit qu'il y
a une distinction entre la raison et l'utopie. Dans cette
période de cinq siècles qu'il a parcourue, il les voit toutes
les deux paraître, se disputer les esprits, et cette vue est
très-instructive, car, appartenant à un siècle éloigné de
ceux-là, on sait comment le temps a jugé, ce qu'il a fait
vivre et ce qu'il a fait mourir. L'histoire, ainsi entendue,
est une admirable école de bon sens: elle nous apprend au
vrai quelle est la nature humaine, ce qu'elle admet et ce
qu'elle repousse, quelle force on a quand on travaille
avec elle, et à quel point on est faible quand on l'a contre
soi.

5.

Distinguons avec soin ce qui est utopie et ce qui ne l'est pas. Une utopie est une théorie qui ne peut s'appliquer qu'en détruisant la nature humaine. Thomas Morus est utopiste quand il veut une société d'où il bannit la propriété et le travail, ou qu'il veut le travail sans peine ; Savonarole est un utopiste quand il fait la société à l'image d'un couvent, c'est-à-dire sans loi civile et sans liberté. Ces doctrines portent leur nom écrit en grosses lettres, on les reconnaît promptement ; mais il y en a d'autres à qui on donne injustement ce nom. S'il y a un homme éternel, avec des idées et des instincts qu'on ne changera pas, il y a aussi un homme passager, qui tient des circonstances de certaines pensées et de certains sentiments qui n'ont rien d'immuable, tantôt avec d'assez profondes racines, tantôt à fleur de sol. Or il paraît de temps à autre quelque puissant esprit qui, incapable de s'arrêter à la surface, se porte droit au centre et y saisit les grandes lois de la nature humaine, comme l'astronome le fait pour les lois des astres ; il voit les sociétés marcher dans le temps, comme l'astronome voit les astres marcher dans l'espace ; il prédit ce qui sera plus tard et ce que les contemporains se refusent à croire ; ils appellent sa science une utopie ; mais l'avenir lui donne raison, et, confondu de la portée de sa vue, on le met au nombre des génies extraordinaires. En ce sens, M. Victor Hugo l'a bien dit :

« L'utopie, c'est la vérité vue à distance. » On l'a éprouvé
bien des fois ; même cette expérience trompe je ne
sais combien d'esprits téméraires, à qui il suffit qu'une
opinion soit mal reçue de la génération présente pour
croire que les générations futures lui appartiennent. Per-
mettons-leur de se complaire dans leur idée, et ne chas-
sons pas les prophètes parce qu'il y en a de faux ; laissons
l'avenir ouvert.

J'oubliais de dire que, s'il y a des utopistes de l'avenir,
il y a aussi des utopies du passé : ce sont ceux qui s'ima-
ginent qu'on peut immobiliser l'humanité dans son état
du moment ou la ramener en arrière. La raison est entre
les deux utopies : elle ne vole pas et elle marche.

Gardons-nous aussi de confondre, comme certains esprits positifs le font volontiers, l'idéal et la chimère. La
chimère est une fantaisie, une imagination sans raison,
une conception contre nature ; les anciens en donnaient
bien l'idée quand ils formaient leurs chimères de parties
qui ne peuvent aller ensemble, le corps d'une chèvre, la
tête d'un lion et la queue d'un dragon. L'idéal n'est point
cela : il n'est rien de monstrueux ; c'est proprement une
chose existante prise dans sa perfection. Sans doute cette
perfection n'est pas actuellement réalisée, mais la réalité
y tend, c'est sa destinée, sa règle, l'ordre le meilleur où
elle puisse être, et où elle s'efforce de se placer. C'est,

dans la vie privée, la sainteté, dans la vie publique, la justice et la fraternité la plus complète, c'est-à-dire la perfection ; et il est également sûr que l'homme y tend et qu'il n'y arrivera jamais. On reconnaît ici quelle ligne délicate sépare l'idéal et l'utopie : il s'agit de décider à quel point de perfection il est permis d'atteindre, sans pouvoir passer au delà ; or il n'est pas aisé de marquer ce point, car l'homme et la société ont causé et réservent encore plus d'une surprise à ceux qui prétendent les borner.

Voici donc ce qui me paraît être vrai sur ce sujet. La raison et l'utopie sont distinctes, mais il est souvent très-difficile de les distinguer à première vue. On y aurait moins de peine si les esprits qui agitent les idées étaient tout entiers d'une seule nature, ou tout raisonnables ou tout insensées ; mais cela n'est pas. La raison est souvent mêlée de folie : les vigoureux esprits qui s'élancent hors du monde connu ne sont pas toujours maîtres de leur force ; comme ils méprisent ce qui est, et qu'ils plongent dans l'avenir par une sorte d'intuition, ils ne sont pas arrêtés, ainsi que le commun des hommes, par le sentiment de la réalité, et ils se livrent à toute leur fougue ; ils n'aspirent pas à moins qu'à créer de toutes pièces un autre univers. Devant de pareilles prétentions, le bon sens des contemporains se révolte, et ils condamnent le système en bloc, punissant ensemble l'erreur et la vérité, par une exécution sommaire ; le temps ne connaît ni ces complaisances ni ces injustices : aussi mêlés que soient le vrai et le faux, il les sépare, ou, pour mieux parler, la nature humaine s'assimile les éléments qui lui conviennent et refuse ceux qui lui sont contraires, par une sorte de digestion semblable à celle qui nourrit les corps. Aussi il est peu d'études plus profitables que de connaître les théories des réformateurs passés et de comparer leur destinée, soit avec les prétentions de leurs auteurs, soit avec la critique de leurs adversaires. Sans remonter plus haut, et pour ne prendre que deux doctrines qui ont paru il y a à peine une quarantaine d'années, quelle leçon pour tout le monde quand on observe la destinée du fouriérisme et du saint-simonisme, les enthousiasmes ou les ironies du début et la part définitive qui leur a été faite dans la société présente ! On se le rappelle, ils ont été attaqués, ils ont été défendus avec la plus vive ardeur ; or, amis et ennemis ont-ils pleinement aperçu dès le premier moment, dans le feu du combat, ce qu'il y avait de solide et ce qu'il y avait de vain dans ces doctrines ? Il n'est guère à croire ; mais le temps l'a montré. Grâce à lui, il n'y a plus, à cette heure, ni un ennemi qui ose tout attaquer, ni un ami qui ose tout défendre : si le phalanstère fouriériste est mort, l'association est vivante ; si le saint-simonisme n'a pas fait tout ce qu'il voulait, il ne laissera pas le monde comme il l'a pris : il a commencé, il a conduit le mouvement économique et industriel que nous voyons ; il a réhabilité la terre.

On devine qu'il serait très-intéressant de faire la même enquête sur tous les réformateurs ; nous engageons vivement nos lecteurs à l'entreprendre : ils trouveront, sur chaque point, des guides excellents (1).

Si ce que nous avons dit est vrai, nous devons prendre une juste confiance dans la raison, et il en est besoin, car l'autorité de la raison est, de nos jours, singulièrement attaquée. Le plus grand danger lui vient du côté de l'histoire, qui, après avoir tout renouvelé, menace de tout dévorer. Voici ce que nous voulons dire. Quand on étudie sérieusement l'histoire, quand on ne la prend pas comme une succession de règnes, de victoires et de conquêtes, et qu'on observe la religion, la philosophie, la langue,

(1) M. Paul Janet, *Histoire de la philosophie morale et politique*, 2 vol. in-8° ; Ladrange. — M. Denis, *Histoire des idées morales dans l'antiquité*, 2 vol. in-8° ; Ladrange. — M. Jourdain, *La philosophie de saint Thomas d'Aquin*, 2 vol. in-8° ; Hachette. — *Histoire littéraire de la France*, 24 volumes, par MM. Le Clerc et Renan, 2 vol. in-8° ; Michel Levy. — M. Désiré Nisard, *Thomas Morus*, dans *Revue des deux mondes*, mai et avril, 1836. — M. Baudrillart, *Jean Bodin et son temps*, vol. in-8° ; Guillaumin.—Le même, *Publicistes modernes*, vol. in-8° ; Didier. — M. Louis Reybaud, *Études sur les réformateurs contemporains et socialistes modernes*, 7ᵉ édition, 2 vol. in 8° ; Guillaumin.

la littérature, l'art, la législation, les mœurs des peuples, on est frappé de l'infinie variété qui se découvre ; on ne peut s'empêcher de soupçonner qu'il y a un rapport entre ces choses et le pays où elles ont paru, on admire cette végétation naturelle, d'une richesse qui enchante ; et une bien autre richesse éclate lorsqu'on observe ce que le temps fait de toutes ces choses, comment il les détruit et les renouvelle, tantôt par des atteintes insensibles, tantôt par de soudaines révolutions, sans cesse renouvelant le spectacle : on reste fasciné, et l'esprit humain ne paraît plus, comme la nature, qu'un grand magicien, qui se plaît à évoquer toutes les formes possibles, pour épuiser son art ; ses jeux n'excitent plus en nous qu'une insatiable curiosité ; ce qui arrive à la morale et au droit ne paraît qu'un accident comme les autres accidents qui varient la scène ; il n'excite plus les graves sympathies et les antipathies profondes ; l'histoire n'est plus qu'une fantasmagorie, elle n'est plus le drame tragique qui se joue entre la raison et les puissances ennemies, ou, pour mieux dire, il n'y a plus de raison, car s'il n'y a rien de fixe, la raison n'est pas. Ainsi, à suivre à la rigueur cette idée, il y aurait des religions et point de religion, des formes artistiques et point d'art, des mœurs et point de morale, des législations et point de droit ; toutes les formes se vaudraient, parce que chacune est bien, du moment qu'elle est, là où elle est, par son rapport à un lieu et à un instant, et qu'il n'existe pas de type absolu auquel on puisse la comparer, pour la mettre au-dessus ou au-dessous des autres. Telle est la doctrine qui s'est produite de nos jours et qui tente de prévaloir. Pour s'en étonner, il faudrait bien peu connaître les hommes, l'impossibilité où ils sont de garder en quoi que ce soit une juste mesure ; ce siècle, qui sera illustre par l'histoire, croirait n'avoir rien fait pour elle s'il ne finissait par lui donner tout et par la mettre à la place de la vieille raison.

Nous sommes quelques-uns, peu amateurs de la mode, qui résistons encore à celle-ci. Il serait intéressant de suivre la moderne école partout où elle nous invite à aller ; pour se renfermer dans le sujet qui nous occupe, il se présente d'abord une objection qui me frappe. Ils disent : « Comment voulez-vous qu'il y ait un droit quand il y a tant de législations ? » A mon tour je leur demande : « Comment voulez-vous qu'il y ait tant de législations s'il n'y a pas un droit ? » Car enfin ces formes sont les formes de quelque chose, et l'on ne conçoit pas pourquoi l'esprit humain a créé la première ; pourquoi, celle-ci détruite, il en a créé une seconde, et toujours ainsi, sans se rebuter ni s'épuiser jamais ? Lorsque nous coupons une plante et qu'elle repousse, nous devinons qu'il y a dans la terre une racine vivace qui, tant qu'on ne l'aura pas arrachée, donnera sans fin de nouveaux rejets; de même, la racine de toutes les législations est dans l'esprit humain, qui porte naturellement le droit.

Oui, le droit, c'est-à-dire la liberté inviolable, quand elle n'attente pas à celle d'autrui, c'est-à-dire la volonté et le devoir, c'est-à-dire l'homme même. Par conséquent, les formes du droit ne sont pas indifférentes et toutes ne sont pas égales, car il y en a où il s'épanouit, il y en a qui le gênent ou l'oppriment, et quand elles passent devant nos yeux et que nous les jugeons par la lumière naturelle, il s'en faut que nous les mettions au même rang. Lisez ce livre des *Réformateurs et des Publicistes*, il est excellent pour faire l'épreuve. Voici les théories sociales qui ont défrayé cinq siècles, une multitude d'idées qui n'ont existé que dans les livres, ou qui étaient appliquées dans les législations du temps, ou qui ne devaient l'être que dans les législations futures. Eh bien! il n'y en a pas une qui ne soit approuvée ou condamnée, au passage, par votre conscience, et l'écrivain vous plaît parce qu'il s'accorde avec elle, parce qu'il la commente avec la clarté, la fermeté et la chaleur qu'il faut en de tels sujets. C'est lui et c'est vous qui parlez comme il suit, quand, après avoir relevé Machiavel d'accusations injustes, il avoue qu'il est difficile de prononcer ce nom sans exciter un mouvement de réprobation dans les cœurs honnêtes, et que ce sentiment lui paraît mérité :

« **Pourquoi** cela? Parce que Machiavel est un homme
» sans principes ; parce qu'il ne croit pas, au moins dans
» l'ordre politique, à la distinction du bien et du mal,
» du juste et de l'injuste; parce qu'il ne reconnaît à
» l'homme aucun droit absolu ; parce qu'il soumet la
» morale à la politique, et les titres sacrés de l'humanité
» à la raison d'État. Or, sait-on bien ce que c'est que
» la raison d'État? Si c'est quelquefois l'intérêt commun,
» n'est-ce pas le plus souvent l'intérêt d'un homme ou
» d'un parti, c'est-à-dire la raison du plus fort? En vain
» direz-vous au plus fort qu'il doit se contenir s'il veut
» conserver la victoire; que sa fortune est attachée à celle
» de tous, puisqu'il ne subsiste et ne commande que par
» eux : la force ne reconnaît pas de règle; l'intérêt même
» n'en a pas, car il est ce que chacun le fait; il n'y a d'in-
» térêt commun que dans la justice. Machiavel n'est sans
» doute pas le seul qui ait mis la raison d'État au-dessus
» de tout ; mais il est le premier qui l'ait érigée en sys-
» tème, et il a professé ce système avec une franchise sans
» limite, avec une audace sans exemple. Voilà pourquoi
» il est responsable, devant la postérité, de tout le mal
» qui a été fait, de toutes les erreurs qu'on a enseignées
» au nom de ses doctrines. »

Dites donc encore que l'histoire est tout. L'histoire est
un témoin, et il y a un juge, la conscience. Maintenant,

je suis prêt à l'avouer : si l'existence de telle ou telle forme de législation était invariablement liée à telle ou telle latitude, la liberté humaine périrait, pour faire place à la géographie; la politique et la religion rentreraient dans la flore et dans la faune d'une contrée; elles tiendraient ce qu'elles ont de ce soleil qui peint de plus ou moins vives couleurs la corolle des fleurs et le plumage des oiseaux, et elles ne seraient, comme ces couleurs des fleurs et des oiseaux, qu'une apparence, un ornement de la nature, un spectacle destiné à réjouir les yeux.

Heureusement cela n'est point. Donnez largement à l'influence de la race et du pays, reconnaissez qu'elles inclinent les esprits dans un sens et que le grand nombre garde ce pli, vous aurez raison ; mais il y en a qui se redressent : là est la liberté, là est l'homme. De loin on n'aperçoit que l'uniformité ; à mesure qu'on approche et qu'on pénètre plus avant, la variété se découvre. Vous pouvez bien distinguer, dans notre Europe actuelle, une nature française, une nature anglaise, allemande, italienne, espagnole, etc., et marquer par là le tour le plus ordinaire des pensées et des sentiments dans chaque pays ; mais essayez donc de ramener tous les Français à un seul Français, et ainsi du reste. Certainement la Grèce n'est pas l'Orient; Athènes et Sparte ne sont pas l'Inde et la Chine; mais quand un historien de la philosophie prend la peine de considérer avec attention les idées qui y sont nées, il retrouve pareillement, dans ces régions diverses, les grands systèmes par lesquels l'homme essaye de s'expliquer sa nature, son origine et sa destinée. Et rien ne reste le même dans un même pays : religion, philosophie, lois et arts, tout change, tout s'altère, tout se renouvelle : le soleil éclaire ce pays de la même lumière et l'échauffe du même feu ; les fleuves continuent de couler sur ses pentes, la terre donne les mêmes fruits et les mêmes fleurs, mais la réflexion, l'expérience, la logique, la contagion des principes étrangers, la curiosité, en quête du nouveau et de l'inconnu, le dégoût des excès commis, toutes ces forces remuent les intelligences et transforment les choses, sans repos. C'est ce qu'on appelle le temps, car le temps n'est pas une puissance aveugle et fatale, comme l'antique Destin, un élément brutal, comme l'eau ou le vent, qui déracinent et emportent les arbres ; c'est l'action de l'esprit sur lui-même, c'est le travail de la liberté, travail fécond, qui est manifeste dans la vie publique. On peut soutenir par mille arguments plus ou moins vraisemblables que, depuis un certain moment, par exemple depuis l'antiquité grecque (quelques-uns la prennent à Homère), la poésie a déchu ; et ce qui est contestable pour la poésie le serait beaucoup moins pour la sculpture et l'architecture depuis Phidias ; certains admirateurs de la grande peinture et de la grande musique n'ont plus guère d'espoir de voir mieux que la peinture de la Renaissance italienne ou la musique des maîtres italiens, allemands et français de ces deux derniers siècles ; pour les mœurs privées, on n'entend que des regrets de la perte de la simplicité et de la pureté primitives ; mais, si l'on considère la condition de la société au moyen âge et dans les temps modernes, jusqu'à 1789, il paraît impossible de soutenir sérieusement que la raison n'est rien et ne fait rien, lorsqu'elle impose à la société des principes de justice auparavant violés ou à peine soupçonnés, ou entièrement méconnus, lorsqu'on la voit, fière de ce qu'elle a gagné, mais encore mécontente, miner les institutions vicieuses, pénétrer un peuple après un peuple et changer la face du monde. Elle sait ce qu'elle veut et elle le fait ; chaque jour son œuvre avance, ce qu'elle détruit est bien détruit, et, tranquilles sur l'avenir, nous écoutons, le sourire aux lèvres, les chantres du moyen âge et de l'ancien régime.

Qui n'aurait pas dit autrefois que l'esclavage et l'intolérance ne finiraient jamais ? Dans l'antiquité, au moyen âge et à la Renaissance, ce sont des faits universels, et ces faits sont presque universellement reconnus pour légitimes ; l'intolérance est regardée comme un devoir, et l'esclavage rencontre des apologistes, tels qu'Aristote, saint Augustin et saint Thomas ; comparez cet état à l'état présent, considérez ce qui reste de ces deux iniquités et combien ce reste est menacé ; si elles ont encore quelques défenseurs désespérés, voyez où en est la raison publique, qui est en vous, qui est en moi, qui est partout et ne craint plus rien d'aucun ennemi. Elle a chassé l'esclavage de la plus grande partie du globe et elle le poursuit là où il reste encore ; le principe est hors de cause, on ne discute plus que sur les moyens. J'espère que ces moyens seront dignes de la fin qu'on se propose, que, pour être juste envers les esclaves, on ne sera pas injuste envers les maîtres, trompés par une longue possession ; mais je songe aussi que le XXe siècle de l'ère chrétienne va venir, et qu'il est temps que notre siècle s'y mette s'il désire avoir dans l'histoire l'honneur d'avoir accompli cette grande réparation.

Il en est de même de la liberté de conscience ; là aussi il s'est fait quelque chose qui éclate aux yeux, et ce qui s'est fait répond de ce qui se fera. Non, cette histoire de la conscience religieuse n'est pas une succession incohérente de scènes à effet, de prisons, de bûchers et de triomphes ; il n'en est pas de ses bons et de ses mauvais jours comme des jours de l'année, qui brillent, se chargent de nuages et d'orages, et changent et changeront éternellement ; à travers toute ses fortunes contraires, la conscience religieuse va à la liberté. Elle n'y va pas sans peine ; il faut qu'elle perce les idées fausses : des siècles s'écoulent dans l'oppression, puis un peu de doute pénètre dans les esprits ou un peu de douceur pénètre dans les âmes, on consent à tolérer les dissidents; à la longue enfin, les illusions de la théologie et de la politique se dissipent, la tolérance elle-même paraît insuffisante et le droit de la conscience est reconnu le droit inviolable, qui appartient à l'homme de croire ce qu'il croit. Voilà où nous en sommes ; l'intolérance a beau se défendre encore, elle est perdue. Rendons-en grâce au progrès de la raison publique et gardons une profonde reconnaissance à ceux qui ont cru à la liberté de conscience lorsque le monde n'y croyait pas encore, qui l'ont revendiquée au prix de leur repos, de leur sang, et ont estimé que, de quelque prix qu'on la paye, on ne la paye jamais trop cher.

Je ne dis pas que la raison n'éprouve point d'échecs ; elle en éprouve de terribles. Quelquefois l'esprit nouveau s'endort et se laisse surprendre pendant son sommeil ; d'autres fois il est surexcité, il s'emporte, il se précipite, et ses accès de folie sont suivis d'accès de sagesse aussi déplorables ; tout va, dans ce monde, par action et par réaction ; la loi, c'est le progrès brisé, avec les bons moments, où il est si doux de vivre, et les mauvais moments, si durs à passer, où il semble que tout est perdu.

Non, l'histoire n'est pas un vain spectacle, une fantasmagorie, ni une sorte de kaléidoscope, dont les figures se composent et se décomposent sans cesse, où des mouvements toujours nouveaux appliqués à des figures toujours nouvelles ne semblent avoir d'autre but que d'épuiser la variété inépuisable des combinaisons des formes et des couleurs ; non, je le répète, l'histoire n'est pas cela : il s'y fait quelque chose, il y a un germe qui s'y développe ; ce germe paraît s'altérer, il paraît mourir, il passe par des états où il est méconnaissable ; c'est pourtant lui, et il porte en lui-même une force qui se fait jour à travers tout. Cette force, c'est la raison. C'est elle qui donne à la vie son intérêt sérieux. Ah ! sans doute, s'il nous suffisait de voir, ce monde aux scènes toujours changeantes a de quoi contenter les yeux, de quoi les rassasier ; mais l'homme, et c'est son honneur, connaît d'autres sentiments que la curiosité ; il est capable de prendre un parti dans les scènes qui se jouent, de pleurer sur l'infortune, de s'indigner contre l'injustice triomphante, d'être ravi par les nobles actions. Il ne semble pas davantage, infatigable curieux, assister en amateur au spectacle de sa propre vie ; là aussi se joue la partie tragique qui se joue dans le monde entre le bien et le mal ; là aussi il est vainqueur et vaincu, et l'on a beau lui dire que la vie est une apparence, une surface mobile où les flots se poussent les uns les autres, lorsque, au milieu des passions contraires, il saisit le bien, il s'arrête : il sent qu'il a touché le fond.

Remettons les choses à leur place ; il en est temps. Notre siècle a rendu les plus admirables services aux études historiques ; en ce moment il donne dans l'excès, il étend l'histoire hors de ses limites, et lui attribue ce qui ne lui appartient pas. On ne parviendra jamais à identifier ce qui est distinct : il y a les faits et il y a les principes ; il y a l'histoire et il y a la raison ; il y a la curiosité et il y a la conscience. Dans la confusion des événements contemporains, la raison ne nous est pas toujours visible, mais elle le devient dès que nous prenons des temps éloignés et que nous mesurons le chemin qu'elle a fait dans cet intervalle, entre le moment où une vérité paraît et le moment où elle est appliquée. Les études, comme celles que nous venons de parcourir, ou comme le grand et bel ouvrage de M. Faustin Hélie, le *Traité d'instruction criminelle*, sont excellentes pour nous montrer la raison à l'œuvre et fortifier la foi qu'il est juste d'avoir en elle. Pour dire l'impression que me font ces livres, tout le temps que je les lis, je sens que la raison existe, qu'elle marche et qu'elle me porte. Nos sceptiques sont dans l'illusion ordinaire : ils se croient immobiles et que c'est la terre qui fuit.

Je me hâte d'arriver à la conclusion de ce chapitre. Il y

BERSOT. 6

a une raison morale; elle n'est ni parfaite, ni dégénérée, elle se perfectionne ; son progrès consiste à découvrir des principes et à détruire les erreurs qui empêchent de les pratiquer. Ce progrès s'accomplit par la science et l'expérience, par le progrès de la science de l'homme et par l'expérience des choses humaines ; l'instrument nécessaire de ce double progrès, c'est le temps. Et ici se présentent des considérations qui doivent nous donner une juste confiance dans la raison présente. A ne prendre que la philosophie flottante dans l'air que nous respirons, qui donc oserait dire que toutes les grandes vérités morales ne sont pas découvertes, qu'au premier jour il pourra survenir une révélation qui, renversant par les fondements la connaissance de l'homme, nous ordonnera d'aimer ce que nous avons détesté, de détester ce que nous avons aimé, qui changera le mal en bien et le bien en mal? Notre monde si vivant a assez cherché, a assez discuté ; il sent que s'il y a encore, que s'il y aura toujours des découvertes à faire dans notre cœur, la vie humaine du moins est solidement assise sur ce fond consistant formé par les méditations des sages, les prédications des religions et le bon sens de tous. Puis, s'il est vrai que l'expérience enseigne les moyens d'appliquer les principes vrais, quelles conditions peut-on imaginer qui lui soient plus favorables? S'il est bon à un peuple d'avoir les yeux ouverts sur les autres peuples, d'examiner comment ils ont résolu les problèmes qui lui semblent insolubles, comment ils ont concilié ce qui lui paraissait inconciliable, n'est-il pas manifeste que ce temps-ci a prodigieusement étendu le champ de l'expérience? Examinons la France, par exemple. Notre XVIIe siècle ne connaissait de l'Angleterre que la réforme religieuse et la révolution politique qui décapita Charles Ier; il détestait l'une et l'autre : il en était, sur ce pays, aux *Oraisons funèbres* de Bossuet; ce fut Voltaire qui le fit connaître par ses *Lettres anglaises* (1731); nous n'avons été un peu familiarisés avec l'Allemagne que par le livre *De l'Allemagne*, de Mme de Staël (1814), et avec l'Amérique, que par la *Démocratie en Amérique*, de Tocqueville (1835). Ainsi, s'il est permis de forcer ici les expressions, nous avons découvert l'Angleterre il y a cent trente ans, l'Allemagne il y a environ cinquante ans, et l'Amérique il y a une trentaine d'années. Le genre humain est resté, pour ainsi dire, assis jusqu'à ces derniers temps; il n'y a guère que vingt ou trente années qu'il s'est mis à voyager, depuis que la vapeur a été inventée. Maintenant, chaque peuple est un peu chez les autres : il observe, il étudie les institutions et les mœurs, il voit pratiquer utilement des choses qu'il regardait comme impossibles, il compare, il élargit ses idées, il se forme.

Autrefois, quelques rares mortels, amis des dieux, allaient jusqu'en Italie; les plus aventureux poussaient jusqu'en Grèce, et les enfants perdus jusqu'à Jérusalem; on ne cherchait, du reste, dans ces courses que des modèles exquis du même art que l'on avait chez soi, ou des impressions poétiques, ou des souvenirs religieux; bien entendu, celui qui avait fait une de ces excursions passait le reste de sa vie à s'en reposer; aujourd'hui, nous sommes tous sur les grands chemins, et comme les questions sociales et politiques se sont élevées et nous pressent, nous les portons partout avec nous, demandant aux étrangers ce qu'ils ont à nous apprendre. Chaque nation commence à admettre que ce qui n'est pas elle n'est pas nécessairement sauvage. Il est vrai que jusqu'ici les nations ne se sont guère visitées qu'en armes, qu'on n'a guère parcouru les pays étrangers que pour les conquérir, et Dieu sait ce qu'il y avait de mutuel mépris! Pour parler de nos Français, que le démon de la guerre a assez poussés hors de chez eux, quelle complaisance pour eux-mêmes et quel dédain pour les autres! Comme ils ont été longtemps convaincus qu'ils étaient la raison en personne, et que tout ce qui n'était pas Français était absurde! Ils ont promené cette belle idée dans tout l'univers. Notre vieux monde est donc tout jeune: il y a des siècles qu'il existe, mais il ne se connaît que d'hier. Et non-seulement

il se connaît à un moment tel qu'il est à ce moment même,
mais le moindre changement qui survient en lui, il le sait
aussitôt, par les correspondances, par la presse, par l'électricité , en sorte que l'information est perpétuelle et universelle, et, avec l'information, l'expérience. Le monde
est bien changé : autrefois composé de parties étrangères,
dont chacune avait son existence indépendante, qui pou-
vaient agir, souffrir et mourir sans que le reste le sût, il
est aujourd'hui intimement uni, il est un corps organisé,
quelque chose comme le corps humain, où toutes les
parties sont tellement liées que ce qui se passe dans l'une
se fait immédiatement sentir à toutes les autres, par une
sympathie, un concert et, comme disent les médecins,
une conspiration.

Ainsi notre esprit a étendu sa curiosité et ses horizons ;
je le reconnais volontiers, il a été admirablement servi
par une nouvelle puissance, l'industrie, dont nous voyions
ces jours-ci les grands jours. Ne troublons pas son
triomphe. Ceux qui cultivent, comme nous, le monde
moral, ont besoin de se défendre de certaines jalousies.
L'âme humaine tombe quelquefois en disgrâce ; elle y est
tombée dans ce temps-ci, où la matière a pris sa revanche
de longs mépris. Ne soyons pas jaloux : l'industrie, en
fin de compte, c'est aussi la civilisation, c'est aussi la
gloire et la puissance de l'homme, et une des grandeurs

6.

de la noble créature qui se fait servir par des esclaves de fer et de feu. L'industrie vient de naître, le monde a les yeux sur elle, elle est dans l'âge merveilleux et remplit tout de son bruit et de sa fumée ; laissez-la faire quelque temps encore, cela se calmera, et elle prendra paisiblement sa place dans la civilisation générale, où entre tout ce qui relève l'homme : les découvertes de la science, les conceptions de l'art, les actions généreuses et les sentiments délicats.

En attendant que toutes choses reprennent leur place, pour qu'à ce moment nous retrouvions la nôtre, ne laissons pas oublier les grandes victoires qu'a gagnées la raison morale de notre temps. Les assises des sociétés modernes sont à nu. Voici d'abord la liberté personnelle et la liberté de conscience. Nous avons vu en quelques années le principe de la liberté humaine enflammer les esprits, diviser une grande république, en précipiter les deux moitiés l'une sur l'autre avec d'effroyables chocs, isoler ceux qui l'ont méconnu, paralyser les sympathies dues à des hommes que trompait l'ancienneté de la possession et à d'immenses malheurs, affranchir d'un coup quatre millions d'hommes dans un pays, et rendre ce qui reste d'esclavage ailleurs désormais impossible. Nous voyons aussi tomber le préjugé qui faisait la religion d'État et les concordats et s'élever le principe qui veut les

Églises libres dans l'État libre. On le comprend aussi, l'individu n'est pas fait pour la société, mais la société est faite pour l'individu : par conséquent la liberté est le droit de chacun, et l'ordre n'est que la liberté de tous ; la société non plus n'est pas faite pour le bien de quelques-uns, mais pour le bien de tous : elle invite et aide chacun à être tout ce qu'il peut être. On voit aussi se dessiner une société des nations fondée sur des principes plus humains ; jamais le droit public n'a été moins violent. Si à aucune époque la guerre n'a été armée d'une façon plus terrible, à aucune époque, chez les nations policées, elle n'a eu plus à cœur de se respecter, et les barbaries, s'il y en a eu, ne l'ont plus déshonorée ; mais elle a beau se civiliser, elle est barbare, elle reste la guerre, que repoussent chaque jour davantage notre raison et nos mœurs ; elle a beau faire, elle s'en va. Le fondement du monde moderne est le respect de l'homme, et ce qu'on appelle la civilisation n'est que la révélation progressive de la nature humaine.

En résumé, nous voyons que la raison morale se perfectionne, que ses progrès sont dus à une certaine science et une certaine expérience : la science de l'homme et l'expérience sociale. Ce progrès s'accomplit toujours plus ou moins obscurément, il éclate dans notre âge avec une force singulière ; personne ne peut ignorer aujourd'hui ce que la raison veut, où elle va : il y a, à n'en pas douter, un grand courant qu'on appelle l'esprit du temps, la raison moderne, la civilisation, un courant qui emporte à jamais certaines choses, et avec elles ceux qui tentent de les retenir. Tout le monde sent qu'il existe; nous nous contentons d'essayer de le marquer clairement, puisqu'il n'appartient pas à tout le monde de l'accélérer.

V

LA RAISON ET LA FOI.

Quelle est l'étendue légitime de la raison? Nous rencontrons ici un adversaire que nous n'aurions pas cherché. Nous demandons à M. Guizot la permission de le combattre; il sait quels respectueux sentiments nous portons dans ce débat, et nous nous souvenons qu'il a écrit : « Ce que j'aime le mieux après la vérité, c'est la contradiction. »

On sait que M. Cousin (1) a réduit tous les systèmes à quatre systèmes principaux : le sensualisme, l'idéalisme, le scepticisme et le mysticisme, qui paraissent dès les débuts de l'histoire de la philosophie et se reproduisent à toutes les époques, sans qu'il s'en puisse produire un nouveau ni qu'aucun d'eux puisse détruire les autres, pour subsister seul. M. Guizot se demande pourquoi « la » métaphysique est restée, au fond, stationnaire, grande » en naissant comme destinée à ne pas grandir, tandis

(1) *Histoire générale de la philosophie*, 1 vol. Didier.

» que les autres sciences, les sciences qu'on appelle natu-
» relles, ont été essentiellement progressives ». Il ne
conclut pas qu'on doive la supprimer, et il sait que l'esprit
humain n'y consentirait pas; mais il l'enlève à la raison,
pour la donner à la foi; il dit en termes magnifiques (1):
« L'homme est le même dans la sphère de la pensée que
» dans celle de l'action; il aspire plus haut qu'il ne peut
» atteindre; c'est sa nature et sa gloire, et s'il y renon-
» çait, il prononcerait lui-même sa déchéance. Mais il
» faut que, sans abdiquer, il se connaisse; il faut qu'il
» sache que sa force est, ici-bas, infiniment moindre que
» son ambition, et qu'il ne lui est pas donné de connaître
» scientifiquement ce monde de l'infini et de l'idéal vers
» lequel il s'élance. Les faits et les problèmes qu'il ren-
» contre là sont tels que les méthodes et les lois qui
» dirigent l'esprit humain dans l'étude du monde fini ne
» s'y appliquent point. L'infini est, pour nous, objet de
» croyance, non de science, également impossible à re-
» jeter et à pénétrer. »

On le voit, cette conclusion est très-grave. Avant d'abor-
der le fond du sujet, nous présenterons quelques remar-
ques préalables.

D'abord, s'il avait plu à M. Cousin d'entrer dans la con-

(1) *Méditations sur l'essence de la religion chrétienne.*

troverse soulevée ici, il se serait probablement défendu de l'honneur qu'on faisait à une de ses idées en la prenant comme un argument irréfragable contre la puissance de la raison ; il aurait dit probablement que, quelle que soit son autorité, un philosophe n'est pas la philosophie. Puis, quelqu'un qui croirait à l'existence des quatre systèmes décrits dans l'*Histoire générale de la philosophie* serait tenu d'y ramener celui-ci. Depuis que les hommes philosophent, il s'est trouvé constamment des esprits qui, frappés du spectacle que donne la raison, des luttes perpétuelles et stériles des doctrines qu'elle enfante, se rejettent vers le sentiment ; et cette doctrine, tantôt médiocre, tantôt puissante, selon l'intelligence où elle naît, là intempérante, ici contenue par une prudence sévère, cette doctrine se nomme le mysticisme, que l'esprit humain ne fait que traverser et auquel M. Cousin a disputé la philosophie.

Voilà ce qu'il nous semblait utile de dire avant tout examen ; mais, à l'examen, l'idée de M. Cousin ne nous paraît pas porter les conséquences qu'on en tire. Dire qu'il n'y a que quatre grands systèmes, l'idéalisme, le sensualisme, le mysticisme et le scepticisme, ne signifie pas que, dès qu'on se met à réfléchir, il est nécessaire de donner dans un de ces systèmes, d'être idéaliste ou sensualiste, ou mystique, ou sceptique ; cela signifie simplement qu'il y a quatre sortes d'excès différents où l'on peut tomber; que si l'on ne s'observe pas on tombe dans l'un ou dans l'autre. Ce sont, pour ainsi parler, les couleurs dont se teignent nos pensées, les couleurs primitives dans lesquelles la raison se disperse quand on la brise, comme celles du spectre quand on brise la lumière du soleil; mais la lumière et l'esprit peuvent rester entiers. Assurément, la conclusion qui sort de l'*Histoire générale de la philosophie* serait bien celle qu'en tire M. Guizot, si l'on n'y trouvait que les quatre erreurs immortelles; mais, quand on parle de quatre doctrines, on en oublie une, celle qui, avertie par l'exemple des autres, s'imposerait de ne nier aucune des vérités qu'elles nient, celle que Leibnitz nomme « une philosophie perpétuelle », celle-là même qui, depuis le commencement, résiste à ces erreurs, philosophie imparfaite, comme toutes les choses humaines, mais qui se perfectionne avec le temps, et dont l'essence pourrait bien être ce spiritualisme profond et élevé auquel on fait moins d'attention, parce qu'il est l'élément naturel où l'âme respire.

Nous soumettons à M. Guizot une réflexion qui nous a poursuivi pendant tout le temps que nous étudiions sa doctrine. Il veut que l'homme, reconnaissant l'impuissance de la philosophie à pénétrer dans l'infini, se livre à la foi. De quelle foi parle-t-il? N'y en a-t-il qu'une seule,

qui soit au centre, comme le soleil, visible de toutes parts,
et éclairant tous les yeux que n'a pas ouverts la philosophie? Non; puisqu'il y a plusieurs religions. Mais du
moment que la foi ne saurait légitimer toutes ces religions
ensemble, elle reste un fait général de la nature humaine,
un fait intérieur, et la religion n'existe que dans l'âme de
ceux qui y croient.

Ainsi, nous tenons à rendre à la philosophie sa véritable étendue, l'étendue de la pensée humaine, le fini et
l'infini, avec la lumière plus vive ou les ombres plus
épaisses qui se partagent ces espaces.

Quand on a établi la foi au-dessus de la raison, il y a
deux partis à prendre : accabler la raison ou l'apprivoiser;
Pascal a pris le premier, aujourd'hui on prend le second
plus volontiers. Chez les uns donc la foi est comme à pic
et la raison se tient au pied, incapable d'autre chose que
de contempler la hauteur inaccessible : chez les autres la
foi perd ce qu'elle a d'aigu et de hérissé : ils adoucissent
les pentes, afin que la raison puisse approcher. On a tenté
de faire approuver par la raison les mystères et les miracles. Assurément il y a dans les mystères des grandes
religions un sens profond, de larges vues sur la nature,
sur l'homme et la vie humaine ; elles se découvrent à
mesure qu'on avance, et l'on approche de l'intelligence du
mystère; mais tout à coup s'ouvre un abîme: la raison

s'arrête au bord, la foi le franchit au vol. Il est juste de conserver l'ancienne distinction entre ce qui dépasse la raison et ce qui la violente, entre des faits qu'elle ne parvient pas à expliquer et des explications qui l'anéantissent. Si cette distinction n'existait pas, le combat entre la raison et la foi serait un simple débat entre des opinions diverses, et n'aurait pas son caractère tragique. Mais non, c'est une lutte entre deux grandes puissances humaines, et nous ne croirons jamais que le duel sanglant dont parle Pascal et qu'il connaissait bien ne soit qu'un malentendu.

On essaye d'atténuer les miracles comme les mystères. Il y a un argument qui a cours depuis quelques années et qui fait des miracles ce qu'il y a de plus simple au monde ; il peut se résumer ainsi : en étendant la main, pour empêcher une pierre de tomber, j'oppose une loi à une autre ; Dieu ne fait rien de plus. Vraiment ! n'est-ce que cela ? Mais alors, pourquoi faut-il prendre si fort sur nous pour croire aux miracles, et pourquoi demandons-nous plus de preuves pour la résurrection d'un mort que pour une étoile qui a filé ? Quand on propose cette explication, on ne voit pas non plus qu'on ôte un secours puissant aux religions, qui donnent comme preuve de leur vérité les miracles qu'elles opèrent ; car, si nous n'avions pas foi en l'ordre de l'univers, les miracles, qui renversent cet ordre, ne nous étonneraient pas, et la puissance qui les opère ne serait pas une puissance extraordinaire, devant laquelle l'intelligence, comme la matière, doit s'incliner. Cet argument décisif oublie seulement un point, c'est que je suis dans la nature comme la pierre qui tombe ; que la force par laquelle je l'arrête est aussi régulière que l'attraction qui la fait tomber, que l'ordre de la nature consiste en ce que tout s'y explique sans en sortir. On en sort par le miracle, qui est une intervention de Dieu. C'est ainsi que les hommes l'ont entendu depuis qu'ils ont soupçonné qu'il y a des lois ici-bas. Bossuet, quand il expliquait les révolutions des empires et qu'il croyait voir que Dieu livrait le monde aux causes naturelles, « à la réserve de certains coups extraordinaires, où » il voulait que sa main parût toute seule », Bossuet ne subtilisait pas avec les miracles : c'était pour lui les coups d'État de la politique du Ciel. Les mystères sont les mystères, les miracles sont les miracles ; nous n'aimons pas les faux nuages, mais nous aimons encore moins les fausses clartés.

C'est une constante préoccupation d'honnêtes, d'éminents esprits, d'accorder la raison et la foi. Certainement la foi et la raison s'accordent dans l'âme humaine, où il y a place pour les deux, et qui ne consent à renoncer ni à l'une ni à l'autre ; certainement aussi il peut y avoir accord entre une religion et une philosophie ; il n'est pas

impossible qu'il se rencontre une religion telle, qu'il suf-
fise à la raison de l'entendre pour être entièrement satis-
faite, ni une philosophie pleine de vérités qui engendrent
une croyance inébranlable; cela, c'est l'accord naturel
qui vient des choses ; mais lorsque, pour les mettre ensemble, on force chacune d'elles à s'amoindrir, on leur
rend un médiocre service. Il nous semble meilleur de
laisser ces puissances dans leur vérité, de ne pas essayer
des compromis qui font que la religion n'est plus la religion, ni la philosophie la philosophie, et nous terminons
sur ce sujet comme M. de Rémusat terminait sur un sujet
pareil, car on aime toujours à être avec lui : « Le véri-
» table intérêt (1) commun de la religion et de la philo-
» sophie, c'est l'indépendance. »

Étudions d'aussi près que possible la nature de la foi.
Ce qui est visible d'abord, c'est l'importance nouvelle que
les questions religieuses ont prise. Nous savons combien
elles sont délicates, mais nous ne nous sentons nullement
mal à l'aise pour les traiter. S'il y a des philosophes qui
ambitionnent d'être évêques de la religion naturelle, nous
n'avons point cette ambition et nous éprouvons la plus
vive sympathie pour les religions, qui sont souvent tout

(1) *Revue des deux mondes*, 1er septembre 1865. — Voy.
Philosophie religieuse, dans la *Bibliothèque de philosophie contemporaine* (Germer Baillière).

ce qui apprend à une multitude d'hommes qu'elle a une
âme immortelle, et qui relèvent les pensées et les cou-
rages. Nous les voudrions toujours absolument pures,
mais, quels que puissent être leurs défauts, ce ne sont
pas ceux qui nous blessent davantage, et, quand nous
rencontrons le matérialisme, nous aimons toutes les su-
perstitions. Le moment paraît bon pour étudier ces questions. Une foi nouvelle, le babysme, remue « l'immobile
Orient » ; considérez aussi notre vieille Europe raison-
neuse. Les philosophes du XVIIIe siècle avaient espéré ré-
gler pour toujours l'esprit humain ; il s'échappe de tous
côtés, montrant son instinct indomptable ; il ne demande
qu'à croire, et à quoi ne croit-il pas ! La foi est partout
sous nos pieds ; elle affleure, pour ainsi dire, et la moindre
pression la fait jaillir. Nous parlons de ceux qui ont foi
dans les autres ; il ne faut pas oublier ceux qui ont foi en
eux-mêmes. On n'a jamais vu, comme de nos jours, tant
de gens qui eussent cette religion pour eux-mêmes.
J'ignore si notre âge aura été fertile en hommes, mais il
aura été fertile en dieux. Un étonnement d'où je ne re-
viens pas, c'est qu'on puisse vivre avec soi et se croire
dieu ; toutefois je n'y vois aucun inconvénient, puisque
cela leur fait plaisir, s'ils consentaient à rester dans leur
empyrée ; mais ils descendent parmi nous ; or, quand on
a été dieu, il en reste toujours quelque chose : au lieu de

raisons, on rend des oracles, on se met en tout au-dessus
des règles vulgaires, qui sont bonnes pour les simples
mortels, qu'on prend en profond mépris parce qu'ils
vivront et mourront sans se douter de votre divinité. Si
vous êtes sage, craignez les dieux.

Avant d'examiner quelques-unes des questions qui in-
téressent à la fois la religion et la philosophie, nous voudrions nous rendre compte de la nature propre de chacune
d'elles. Elles ont le même objet : expliquer l'homme à
lui-même ; mais les procédés sont différents. Le principe
de la religion est l'autorité, le principe de la philosophie
est la liberté. Le philosophe est en face de lui-même, de
ses pensées, constamment libre à leur égard, prêt à
adopter celles qui sont claires, à rejeter celles qui ne le
sont pas ou qui ne le sont plus ; chez lui, l'examen reste
toujours ouvert ; le croyant est attaché à une parole ; il
ne la discute pas, il la médite, pour la pénétrer, pour
comprendre tout ce qu'elle contient.

Autorité, liberté, c'est là la vraie distinction entre la
religion et la philosophie. On se trompe quand on regarde
une doctrine comme plus ou moins philosophique ou religieuse parce qu'elle est plus ou moins raisonnable. Voyez
le mahométisme : il n'a pas de mystères ; pour toute
métaphysique, un Dieu providence et la vie future, avec
la séparation des bons et des méchants ; pour toute mo-

rale, la résignation, la tempérance, la prière ; en fait de
miracles, un seul, à peine miraculeux, l'inspiration ; il
semble qu'on soit aussi près que possible de la philosophie, et pourtant on en est infiniment loin, car ici l'autorité est toute-puissante, et certainement le mahométisme est une religion.

C'est parce qu'il y entre plus ou moins de cette autorité
que certaines philosophies tendent à tourner en religions
et que certaines religions tendent à tourner en philosophies. Le pythagorisme tournait en religion ; les disciples
de Pythagore répondaient à tout : « Le maître l'a dit. »
S'il avait voulu que ce fussent des philosophes, il leur
aurait défendu de parler ainsi et leur aurait enjoint
d'examiner toujours si ce qu'il leur avait dit était vrai.
Mais, sans remonter si haut, il s'en est fallu de peu que
notre J. J. Rousseau n'ait fondé une sorte de religion.
Nous ne parlons pas seulement de la *Profession de foi du
vicaire savoyard*, qui a cette prétention, et où tout se
prête à cet effet : le sujet, le lieu de la scène, le moment
du jour, le ton inspiré ; nous parlons de toute sa philosophie, de la politique, de l'éducation, de la morale,
même de la littérature; il a, quand il raisonne, quand il
remonte aux principes et descend aux conséquences, une
marche d'abstractions, une logique intrépide qui donnent
à ce qu'il dit l'air d'infaillibilité ; quand il quitte le rai-

sonnement, il a un enthousiasme qui vous prend, des mouvements qui vous passionnent; il ne propose pas, il impose; pour peu qu'on le suive, on lui appartient; aussi il **a** ses croyants. Au contraire de ce que nous venons de voir, une religion incline à se métamorphoser en philosophie quand ceux qui la professent prétendent penser à leur fantaisie, quand le texte n'est qu'un prétexte et que l'autorité recule sans cesse devant la liberté.

D'où vient l'autorité? Selon la conception la plus majestueuse, celle qui admet une manifestation de Dieu, Dieu se montre aux sens et apporte en personne la vérité; il bouleverse la nature, pour montrer qu'il lui commande. C'est la même idée, mais amoindrie, qui se trouve dans la doctrine de l'inspiration : c'est Dieu encore, mais invisible, qui révèle la vérité à une créature d'élite. Ici et là la vérité vient du dehors : elle est prouvée par la divinité de celui qui l'apporte, et la divinité est prouvée par le miracle. On a réfléchi là-dessus, on s'est interrogé. La vérité a-t-elle besoin d'être apportée par Dieu pour être divine, ou plutôt n'est-elle pas divine parce qu'elle est humaine, qu'elle convient parfaitement à notre nature, qu'elle est faite pour nous et nous pour elle, et que, lorsque nous la possédons, nous ne pensons rien ni ne désirons rien au delà? Est-il nécessaire qu'elle vienne comme la foudre? Pourquoi sa vertu ne serait-elle pas une vertu tout intérieure? Pourquoi ne se ferait-elle pas sentir comme un breuvage qui s'insinue dans les veines, qui calme et fortifie? Et la main qui a versé ce breuvage, pourquoi ne l'appellerions-nous pas divine, puisque c'est elle qui sauve? Que celui qui donne la vérité soit ou non un Dieu, il est le *maître*, celui qui nous nourrit de sa parole, celui qui contente l'esprit, apaise le cœur et règle la vie. Voilà ce que des hommes ont pensé. Puisqu'ils ont la foi dans un enseignement, qu'ils ne songent qu'à le méditer et à l'appliquer, nous ne voyons pas comment on refuserait à cette communion dans une même foi le nom de religion, et puisque cet enseignement est celui du Christ, comment on leur refuserait le nom de chrétiens. Aussi nous ne sommes pas avec ceux qui nient au protestantisme libéral le droit d'être une religion.

Est-il certain que l'autorité procédera toujours de la parole? Il est difficile de le soutenir, car il y a, quand nous regardons au dedans de nous-mêmes, des vérités qui s'imposent à nous avec une force invincible; elles sont, pour nous, des articles de foi. L'esprit humain appartient nécessairement à une de ces trois autorités : un Dieu, un maître, ou l'évidence ; à chaque époque elles se partagent les hommes. Sont-elles destinées à se succéder? Y aurait-il des âges auxquels elles donneraient leurs noms, des âges religieux, comme il y a des âges politiques? De

7.

même que les sociétés vont du gouvernement de droit divin à des pouvoirs privilégiés et à la république, où l'autorité réside dans les individus et n'est qu'un accord des volontés, l'autorité religieuse ira-t-elle de la parole de Dieu à la parole de quelques hommes et à la conscience personnelle? Arrivera-t-il un temps où, chacun cherchant sa voie, la religion ne sera que la rencontre des croyances; où l'âme ne se désaltérera plus ni à la pluie qui tombe du ciel, ni à l'eau qui sort du rocher, mais aux sources qui naissent de son propre sol quand elle le creuse ou qu'il se déchire sous les orages? C'est le secret de l'avenir, encore vaut-il la peine de poser la question.

Nous n'avons indiqué encore que le caractère le plus apparent de la foi, l'autorité; étudions-la plus profondément et poussons jusqu'aux racines.

Voici ce qui se présente d'abord. Aux idées qui constituent comme le fond de la raison humaine correspond un sentiment : à la conscience du libre arbitre, la fierté ; à la notion du bien, le sentiment moral, le contentement intime et le remords ; à la conception de Dieu, le sentiment religieux ; à l'intuition du beau, la jouissance artistique; à la distinction du corps et de l'âme, les plaisirs de l'un distincts de ceux de l'autre ; à la démonstration de l'immortalité, l'horreur du néant. Ainsi, lorsque la raison établit les premières vérités, le sentiment la suit et la confirme; il ne s'en tient pas là. En allant plus loin, il change de nom et s'appelle la foi, un mot connu de toutes les religions, et qui, avant d'appartenir à la langue religieuse, appartient à la langue humaine universelle. Il convient de s'y arrêter.

Par la foi, nous n'entendons pas la croyance absolue qui suit l'évidence ou la démonstration; à parler rigoureusement, cela, c'est le savoir : dire que nous croyons aux vérités scientifiques est une façon plus modeste de s'exprimer, pour éviter de dire que nous savons, ce qui a toujours un certain air d'orgueil et d'empire. Le mot *croire* convient mieux aux propositions moins assurées, qui ne comportent qu'une plus ou moins haute probabilité, comme sont certains faits attestés par le témoignage et certaines inductions, parce qu'on n'est pas absolument contraint d'adhérer à ces faits et à ces inductions. Nous prendrons la foi au sens ordinaire, comme un supplément à la raison, comme un œil qui voit là où la raison ne voit pas. Choisissons librement nos exemples.

La jeunesse a foi dans l'avenir; elle croit que la destinée lui sera complaisante, que les vents retiendront leur souffle, de peur de la blesser; d'ailleurs, elle a foi en elle-même, dans sa force qui fera tout plier; elle reste longtemps ainsi, jusqu'à ce qu'elle ait subi l'épreuve et que, de défaite en défaite, elle ait été domptée par la vie. Il y a pourtant quelques hommes, d'une nature singulièrement heureuse, sur qui l'épreuve ne fait rien : ces hommes vieillissent toujours jeunes, toujours confiants dans la vie, qui s'en va. Nous avons foi dans l'avenir de nos enfants, dans leur beauté, leur intelligence, leur caractère, et la clairvoyance de la fortune, qui couronnera tout cela. On remarque souvent que, plus nos enfants sont petits, plus nos présages sont assurés et ambitieux ; quand ils viennent de naître, nous ne connaissons pas de bornes ; or, pour lire tant de choses sur le visage de ces petites créatures, il faut des yeux particuliers, des yeux de père et de mère, qui ne voient pas ce qui est visible aux autres, mais qui, en revanche, voient ce qui est invisible à tout ce qui n'est pas eux ; il faut l'amour. Ne plaisantons pas : c'est ici le principe de l'effort intense qu'exige le soin d'une éducation. Sans doute cet amour se trompe, bien des espérances avortent, bien des génies restent en chemin, heureusement pour l'humanité, qui ne saurait que faire de tant de grands hommes ; mais quelques-uns arrivent, et ceux même qui n'arrivent pas ne seraient pas où ils en sont si l'on n'avait eu pour eux ces ambitions gigantesques ; on ne sait pas assez ce qu'il en coûte de travaux, de veilles, de soins de tous les moments, pendant plus de vingt ans, pour faire un homme ordinaire. Toute religion naissante a foi en elle-même : elle ne se propose pas moins que d'être un jour seule dans l'univers ; de là l'attitude de ses disciples : ni la puissance de la religion établie, ni ses anathèmes, ni ses railleries, ni ses violences ne les touchent ; ils savent qu'elle tombera, et ils ne meurent pas en désabusés, ils meurent fièrement, en défiant ceux qui les font mourir. Jeanne Darc avait foi dans la France, alors même que la France était couverte d'étrangers ; dans son esprit elle la voyait libre, et cette certitude fut cause qu'elle la délivra. Il y a eu aussi des hommes qui ont eu foi dans la Révolution ; certains que rien ne parviendrait à l'étouffer chez elle ni à l'y renfermer, ils l'ont sauvée de ses ennemis ; plût à Dieu qu'ils l'eussent sauvée d'elle-même ! Voilà quelques exemples de foi manifeste ; nous pourrions les multiplier à notre gré, car la foi est partout dans l'existence humaine : elle s'attache aux hommes, aux choses, aux grandes et aux petites, à un pressentiment, à un songe, à une carte, à un numéro.

On comprend la nature de la foi : elle échappe à la discipline de l'intelligence. Quelque part et à quelque degré de certitude qu'on prenne la science, la science parle à la raison : elle porte avec elle sa lumière, qui doit éclairer également tous les yeux ; elle a aussi ce caractère, que chacune de ses vérités a son ordre de démonstration : que les vérités mathématiques se démontrent par le raisonnement, les vérités physiques par l'observation, les vérités

historiques par la critique historique, les vérités méta-
physiques par l'analyse ; en un mot, la science est rationnelle, elle est entièrement dépendante de certains procédés. Pascal s'exprime étrangement, pour un grand
géomètre, quand il écrit : « Le cœur sent qu'il y a trois
dimensions dans l'espace » ; mais Pascal parle bien profondément quand il dit : « Le cœur a ses raisons, que la
raison ne connaît point. » Les moralistes n'ont jamais
achevé de décrire le pouvoir du cœur sur l'esprit. Pour
qui aime ou pour qui hait, tout est preuve de bien ou de
mal ; de là des partis pris incroyables. Le cœur ne se borne
pas à nous faire juger à sa guise ceux que nous aimons ou
que nous haïssons ; il nous prévient pour ou contre leurs
opinions, il nous prouve la vérité de ce qu'ils croient ;
c'est ce qui fait que, s'il y a quelque part une affection
mutuelle, il y a aussi un échange d'opinions, un rappro-
chement des croyances, et quelquefois une absorption
complète d'un esprit par un autre esprit, tandis que devant les opinions de ceux qu'on déteste, on se hérisse.
Et ne nous aimons-nous pas nous-mêmes ? Par conséquent
ne sommes-nous pas prévenus pour ou contre ce qui se
présente, parce qu'il sert ou contrarie cet amour ? Sans
parler de la vanité, qui éclate, n'avons-nous pas mille at-
taches secrètes, qui nous sont autant d'engagements ? Ne
disons-nous pas à tout moment : « Je le verrais que je

ne le croirais pas », admirable aveu d'impartialité ! Mais quoi ! nous avons beau le voir, nous ne le voyons pas, ou même nous voyons tout le contraire. On se demande combien de fois il nous arrive d'être entièrement libres à l'égard d'une opinion qui se présente, combien de fois il arrive qu'il n'y ait pas en nous quelque disposition favorable ou défavorable, une idée, une passion qui repoussent ce qui leur est ennemi et attirent ce qui leur est ami.

C'est une bien vieille expérience qui a fait distinguer la conviction et la persuasion, la démonstration et la preuve. La démonstration a un caractère abstrait et universel, elle est la même pour tout le monde ; la preuve est plus personnelle, l'impression qu'elle fait diffère selon ceux à qui elle s'adresse ; on est convaincu et vaincu par la démonstration : on a beau la fuir, elle vous poursuit ; au contraire, on va au-devant de la preuve, on désire qu'une vérité en question soit confirmée, on serait heureux qu'elle le fût, on conspire avec elle ; or, quand on désire qu'une chose soit vraie, elle est bien près de l'être, elle l'est déjà.

Qu'est-ce qui produit cette conspiration ? Un secret accord entre cette vérité et nous : elle convient à nos pensées, à nos instincts, à notre caractère, à notre vie ; elle vient se ranger au milieu de tout cela par une harmonie naturelle. Aussi, autre personne, autre preuve : ce qui laisse l'un entièrement froid emporte l'autre ; ce qui ne nous touchait pas autrefois, un certain jour, à une certaine heure, nous maîtrise. Plus on examine les autres et l'on s'examine soi-même, plus on arrive à se représenter ainsi l'ensemble de nos opinions. Nous n'avons guère réfléchi que sur un petit nombre de points, quand encore nous y avons réfléchi, pour arriver à l'assurance où nous sommes ; le reste de nos opinions vient se grouper autour de ces points-là, par une convenance tacite, comme celle qui associe les organes des corps vivants ; nos opinions s'appellent réciproquement : nous croyons aux unes sur la foi des autres, et les nouvelles deviennent, à leur tour, les preuves de celles qui suivront. La foi exprime notre être moral, tel que l'ont fait la nature, les événements et la réflexion : elle change quand ils changent et, à chaque fois, c'est bien nous-mêmes, ce quelque chose de complexe, d'indéfinissable, qui résulte du travail mystérieux de la vie : elle exprime dans chacun de nous la maladie, le repos, les inquiétudes, la fièvre, les mille accidents de ce délicat organisme qui s'appelle l'âme humaine ; elle en est comme le timbre, ce qu'il y a de plus intime et de plus personnel. C'est ce qui fait que la foi se communique par contact : près de quelqu'un qu'elle possède, ce qui paraît en lui d'énergie intrépide fait impression sur nous et nous gagne. Si donc on ne se préoccupe que de la force des croyances, la foi a toute puissance sur nous et sur ceux qui nous approchent; mais si l'on recherchait autre chose, si l'on mettait la foi à la place de la raison, parce que la raison semble trop peu sûre, on substituerait à une faculté que l'on trouve trop individuelle une faculté qui est plus individuelle encore.

La nature humaine aspire à la foi : cette raison sévère, méthodique, méticuleuse, qui ne va qu'à pas comptés, l'impatiente; elle s'irrite de cette tutelle qui ne lui permet aucune fantaisie et la condamne à une sagesse assez triste. On se dégoûte aisément des vérités communes; ce sont justement les autres, les vérités cachées dans la nuit ou entourées de quelque ombre, ce sont celles-là vers lesquelles nous sommes le plus attirés. Ah! si l'on pouvait secouer le joug, s'émanciper enfin, et, en sacrifiant quelques vains scrupules, jouir de toute sa liberté, ne plus marcher timidement sur terre, mais s'emparer de l'espace, et, porté sur ces grandes ailes du sentiment, entrer dans les régions de l'inconnu, dont la seule idée nous fait frissonner de terreur et de désir! Quelle tentation pour les âmes ardentes, et qu'il est difficile d'y résister! Quelques-uns résistent : ils se vouent stoïquement au dur régime de la raison, à ses privations et à ses plaisirs austères ; d'autres, incapables de se décider, se combattent en gémissant; le plus grand nombre suit l'énergique instinct de la nature, qui est de croire. Essayez de les retenir, cette fois ce n'est pas le corps, c'est l'esprit qui vous répondra : « Il faut d'abord vivre ; on philosophe après. »

Cette nécessité a produit les religions qui couvrent le globe ; elles nous ouvrent l'inconnu, l'essence, l'origine et la fin des choses, et contentent notre esprit affamé de certitude. Tandis que la raison combine les idées, comme une sorte d'algèbre, et ne se préoccupe que de l'exactitude de ses opérations, la religion procède plus hardiment : elle donne l'être à ces idées ; on voit, on touche, on entend. Bienheureuse évidence ! quand elle se rencontre, comme elle pénètre l'homme ! quelle chaleur et quelle énergie elle verse en lui ! et la foi en a des trésors. On dispute entre doctrines l'invention des idées : c'est à qui aura la priorité ; je conçois ces disputes pour des découvertes scientifiques, pour la découverte d'un corps céleste ou terrestre, d'une loi naturelle ou d'une branche de calcul ; mais quand il s'agit des grands principes moraux et religieux, la revendication est plus difficile, car ils ne datent ni d'aujourd'hui ni d'hier ; comme ils sont nécessaires à la vie, l'humanité n'a guère été sans eux ; ils appartiennent à l'esprit humain, qui les porte, ou plutôt ils appartiennent au premier qui en est fortement épris et y convertit le monde. On ne craint pas de nous que nous allions diminuer le rôle de l'intelligence dans l'homme :

supprimez-la, il n'y a plus rien ; mais elle ne peut non plus rien faire par elle-même ; l'idée pure est inerte : il faut qu'elle s'enflamme pour agir. Les physiciens prétendent que les forces de la nature se transforment l'une dans l'autre, que la lumière devient de la chaleur, qui devient du mouvement ; pareillement dans l'âme humaine : idée, sentiment, volonté, ne sont que notre activité qui se transforme ; là aussi c'est la chaleur qui fait le mouvement, par qui tout vit.

Si la religion satisfait l'esprit par la certitude qu'elle lui apporte, elle n'oublie pas que cet esprit est avide d'infini, et elle se garde de le contenter par quelque chose de médiocre. Ainsi le catholicisme offre une réponse à tous les problèmes, mais cette réponse même nous confond. Les mystères ont une obscurité terrible ; le péché originel et la grâce pèsent sur nous comme la fatalité antique ; le jugement dernier et la résurrection emportent l'imagination hors de toutes les réalités ; le paradis, le purgatoire et l'enfer ajoutent à notre monde des mondes nouveaux, immenses, pleins de supplices et de ravissements, devant lesquels nos plaisirs et nos douleurs terrestres s'évanouissent. Le catholicisme donc, quoique, par la précision de ses doctrines, il semble fermer l'infini, le catholicisme ne fait pas cela : il arrête la curiosité vague de l'esprit, mais il la remplace par une autre : la curiosité de voir les choses merveilleuses qu'il affirme; il arrête les inquiétudes de nos désirs, mais il donne à ces désirs un grand objet : il fait briller devant nos yeux l'idéal moral que nous brûlons de poursuivre, sans espoir de l'atteindre, et le bonheur inaltérable que donne la possession de Dieu. Le catholicisme ferme un infini, mais il en ouvre un autre, et, quoi qu'on pense de sa vérité, c'est certainement là une religion.

On s'étonne de ce que les fidèles qui acceptent une religion en acceptent tout. C'est qu'une religion est un tout : elle a des réponses pour chaque question, des règles pour chaque action, elle a une histoire, un culte, un établissement, une puissance, un ordre enfin qui donne l'idée d'un monde ; aussi cet ordre agit moins sur vous par l'effet de telle ou telle partie que par l'ensemble : dès que vous y entrez, il se saisit de vous. Considérez, à ce point de vue, le catholicisme encore, quel ordre et quelle grandeur ! On sent cela partout, partout où il y a une église catholique; mais au centre, à Rome, ce sentiment vous remplit : on se dit que c'est bien là un monde, et que, s'il venait à disparaître, il se ferait un vide dans le ciel.

Puis, quand on s'étonne de la soumission entière qu'une religion obtient, on suppose toujours que la raison est également exigeante chez tous les hommes. Elle ne l'est pas. Voir clair dans son esprit et être d'accord avec soi-même peut être un désir impérieux pour de certaines natures, non pour les autres. Un certain nombre seulement d'esprits, par une disposition particulière, s'attachent à considérer les notions mêmes des choses, à les analyser, et, selon qu'elles se présentent à leur raison, ils les admettent ou les rejettent ; ce n'est point la marche ordinaire : les croyances religieuses de la plupart des hommes dépendent de l'idée qu'ils se font de la vie humaine. Qu'est-ce donc que la vie ? Est-ce une réalité ou une illusion ? Si elle est une réalité, est-elle le tout ou n'est-elle qu'une partie de l'existence complète ? Si elle n'est qu'une partie, quelles seront les autres, et à travers le tout, où sommes-nous conduits ? au néant, à la perfection, au bonheur, et à quel bonheur ? Voilà la question capitale qui est au fond des esprits. Or, les religions sont une conception de la vie, et les grandes religions qui existent maintenant, le christianisme, le judaïsme, le mahométisme, le bouddhisme, s'entendent pour nous détacher de la vie présente par la vue de la vie à venir. Aussi les événements qui nous détachent de la vie présente nous rapprochent de la religion : les maladies et les chagrins deviennent des arguments de sa vérité, surtout lorsque, ayant perdu quelqu'un qui nous était cher, nous avons hâte de le retrouver. Il y a dans le plaisir une possession de l'existence qui nous fait croire qu'elle est bien réelle ; au contraire, le chagrin nous ôte ce sentiment de la réalité de l'existence : il nous jette dans un état étrange où, comparant ce qui a été avec ce qui est, sans comprendre comment l'un se rejoint à l'autre, ne pouvant concevoir un ordre de choses où manque ce qui est tout pour nous, las de la raison trop timide et trop lente, nous sommes violemment emportés vers la vie à venir.

Je me résume. Une philosophie vraiment large doit s'appliquer à la nature humaine ; la nature humaine comprend la raison et le sentiment. Si l'on divise le champ entier dans lequel l'esprit humain peut se mouvoir en région du connu et région de l'inconnu, la raison du connu appartient à la raison, qui observe ce qui est, et au sentiment, qui, à sa façon, la confirme ; quant à la région de l'inconnu, la raison essaye d'y entrer ; nous l'invitons et on l'invite autour de nous à avoir ce courage. Entendons-nous qu'elle y soit absolument libre ? Non ; si elle dit plus que le sens commun, elle n'a pas le droit de le contredire ; dans ses plus grandes libertés, elle n'a pas le droit de nier ce qui a été vu. Il en est de la métaphysique comme de la physique : elle ne cherche pas les choses, mais le système des choses, ce qui est bien différent et suffit encore aux plus hautes ambitions. Où la raison avance modestement, le sentiment entre en maître. Il m'a paru être ce qu'il y a de plus individuel dans chacun de nous, et j'ai cru voir là sa faiblesse et sa force. Quel qu'il soit, il est dans la nature humaine, et nous ne pensons pas qu'une philosophie vraiment large puisse le négliger. D'abord, il va aux grandes questions, et nous aimons cet élan ; que nous devions ou non les résoudre, il nous est bon de les regarder fixement. C'est la tristesse et la beauté de notre condition. L'essence des choses nous est inconnue, leur origine nous fuit; nous pouvons les suivre jusqu'à un certain point dans l'avenir, mais au delà nos yeux se troublent. Nous sommes devant la grande mer. Il y a des hommes qui sont médiocres et ramènent tout à leur mesure : ils ne sentent pas cette grandeur ; ils emplissent d'eau salée le creux de leur main, et disent : Voici l'Océan ; d'autres, frivoles, s'amusent à ramasser des coquillages sur la grève; quelques-uns contemplent avidement cette immensité ou ces mouvements terribles, et leur âme s'élève à cette vue.

Le sentiment ne se contente pas d'aller aux grandes questions, il les résout dans sa liberté ; ici il nous échappe. Il est inutile de lui donner des conseils qu'il n'accepterait pas, de lui rappeler qu'il n'est pas la raison, qu'il ne doit pas la violenter, qu'il doit se borner à la suppléer. S'il consentait à nous entendre, nous avouerions qu'il a des témérités qui nous plaisent. La raison est la prose, le sentiment est la poésie, chose sacrée et charmante, dont on se défie et que l'on suit malgré soi. Tous les hommes en sont là, les philosophes eux-mêmes, qui sont aussi des hommes. Ils ont beau faire; ils subissent l'attrait. Nous ne disons pas qu'ils doivent recommencer perpétuellement les beaux mythes du *Phèdre*, du *Gorgias* et de *la République* ; on ne recommence pas Platon, et la philosophie ne porte pas à tous les âges ces beaux fruits d'or ; mais tout philosophes qu'ils sont, c'est en vain qu'ils se défendent contre le sentiment, il n'en est pas un seul qui ne soit surpris à son heure. Supposez-le absolument résolu à ne pas excéder les limites de la plus claire raison, vous imaginez-vous qu'il puisse vivre trente, cinquante, quatre-vingts ans, sans se représenter de quelque manière ces origines et ces fins mystérieuses ? Que le philosophe s'interroge bien, il ne s'arrête pas où s'arrête la certitude rationnelle; comme il désire, comme il espère, il voit, plus ou moins clairement selon les jours et les heures, mais enfin il voit se reformer, par delà la vie présente, la société des âmes qui se sont aimées, et ce désir et cette espérance et cette vue, c'est la foi. La science peut attendre, elle est éternelle; pour nous, qui ne faisons que passer, nous sommes plus pressés ; nous voulons posséder dès maintenant, nous sommes comme des âmes qui, incapables de rester à l'état vague, se font des organes, un

corps, pour agir. C'est l'instinct de la nature, instinct qui
a le plus de force chez ceux que la science a le moins
touchés. Il y a deux sortes de lumière : celle du nord et
celle du midi. La lumière du nord est pure, froide et sévère, les corps s'y détachent avec une netteté vigoureuse ;
la lumière du midi est plus trouble et aussi plus aimable :
elle baigne les objets d'une chaude vapeur où l'on se sent
plongé ; on la cherche davantage à mesure que viennent
les années, qui apportent avec elles la fatigue et le besoin
du repos ; alors on cherche un abri, on se replie sur soi-
même et l'on rêve ; on consent à vivre sur les grandes
routes, mais on veut mourir dans son lit. La philosophie
lutterait en vain contre la nature humaine, si elle préten-
dait la réduire pour toujours au petit nombre de vérités
scientifiques qu'elle possède, lui interdisant tout ce qui est
au delà. Qu'elle s'établisse fermement dans son centre,
mais qu'elle n'ait pas l'idée de forcer les hommes à s'y
tenir, et qu'elle leur laisse autour d'elle de libres espaces.

VI

LE SPIRITUALISME ET LES SCIENCES NATURELLES.

Les sciences naturelles ont accompli, depuis un certain temps, d'immenses progrès ; elles auraient été bien sages si, étant ce qu'elles étaient devenues, elles n'avaient prétendu être tout. La philosophie, attaquée, s'est défendue d'abord sur son terrain, puis, dans l'ardeur du combat, elle a porté la guerre sur leur terrain, elle a voulu les forcer à confesser les vérités qui lui sont les plus chères, l'existence de l'âme et l'existence de Dieu. Dans ce dessein, elle abaissait la matière, la montrant incapable de mouvement et de vie, afin que Dieu fût nécessaire pour lui donner l'une et l'autre.

Nous nous le rappelons, on a longtemps donné dans les écoles une preuve de l'existence de Dieu, tirée de ce que la matière n'ayant pas le mouvement par elle-même, il est nécessaire de recourir à un premier moteur. Il suffit de bien considérer ce fait que la matière est inerte, c'est-à-dire qu'une fois mue, elle ne peut s'arrêter d'elle-même et persiste à se mouvoir si une cause ne survient du dehors qui l'arrête, et, de même, qu'une fois en repos, elle ne peut se mouvoir d'elle-même et persiste dans son repos si une cause ne survient du dehors qui la meuve. Sa nature est donc indifférente au mouvement et au repos ; mais à cette heure elle se meut ; donc il y a en dehors d'elle un moteur, et celui-là étant mû à son tour, il faut remonter à un premier moteur, qui est Dieu. Il nous semble que l'argument est peu sûr. Au lieu d'être indifférente au mouvement et au repos, la matière paraît être dans un mouvement perpétuel et universel. Par l'attraction, les corps s'attirent les uns les autres ; joignez à ces effets ceux de l'affinité et de la vie, il paraîtra que tous les corps, jusque dans leurs dernières molécules, sont sans cesse sollicités à se mouvoir, que ce qu'on appelle repos n'est que l'opposition de deux ou plusieurs forces, de deux ou plusieurs mouvements, c'est-à-dire un simple équilibre, et qu'il n'y a pas de repos. Partant de là, pourquoi n'admettrait-on pas que la matière a toujours été ainsi, qu'elle est éternellement en mouvement et n'a pas besoin d'un premier moteur ?

Accordât-on que la matière a un mouvement propre, on ne lui accorde pas si aisément que, par ses propres forces, elle est capable de vivre. Ici nous trouvons plusieurs questions d'histoire naturelle dont la réponse semble décisive pour ou contre le spiritualisme : La matière peut-elle d'elle-même s'organiser? Les animaux sont-ils faits sur le même plan? Les espèces sont-elles variables? Si l'on admet la génération spontanée, l'unité de plan des animaux et la métamorphose des espèces, il semble qu'on peut se passer de Dieu, et les matérialistes admettent volontiers ces théories : de la matière inerte à la matière animée il n'y a qu'un pas, et, ce premier pas une fois fait, le reste suit, car tous les animaux existant à un moment ne sont qu'un même animal ébauché ou achevé et, pour passer d'une forme à une forme étrangère, il n'y a qu'à laisser agir le temps. La même raison qui fait que les matérialistes adoptent ces opinions fait que les spiritualistes les repoussent. On en est là.

Pour nous, nous ne nous croyons pas forcé de prendre parti : notre croyance à Dieu ne repose pas sur la solution d'une question d'histoire naturelle, mais sur des principes immatériels, et, quand nous considérons la matière, de quelque façon que la vie y soit venue et s'y conduise, il se produit dans ses ouvrages des desseins que nulle puissance aveugle ne peut expliquer. Il y a des naturalistes qui étudient ces questions librement, ne recherchant que la vérité; nous les laisserons travailler et accepterons les résultats qu'ils auront sûrement découverts. Pour parler de la question de la génération spontanée, qui a fait dernièrement tant de bruit et a tant passionné les esprits, nous avouerons qu'elle nous laisse incertain. Il s'agit, comme on sait, entre les partisans et les adversaires de la génération spontanée, de savoir s'il y a ou s'il n'y a pas de germes dans un espace donné. La preuve directe, par le témoignage des mains et des yeux, est, on le sent, impossible, à cause de l'extrême petitesse des germes ; reste la preuve indirecte : on a employé de tels procédés, on a pris de telles précautions pour chasser ou détruire les germes, qu'on croit être sûr qu'il n'y en a plus. Si dans cet espace ainsi purgé de germes il survient des êtres vivants, les partisans de la génération spontanée triomphent ; et s'il ne survient pas d'êtres vivants, c'est au tour des adversaires de la génération spontanée de triompher.

Nous n'avons pas la prétention de trancher le procès, et nous admirons ce qu'il y a d'ingénieux dans les expériences qui ont été faites des deux parts ; mais qu'il nous soit permis, comme simple spectateur, de dire dans quel état d'esprit ces expériences nous laissent. C'est un état d'extrême indécision. L'expérience repose sur la certitude qu'il n'y a pas de germes dans un espace donné ; or, comment être certain de cela ? L'air que vous avez renfermé dans un verre est-il privé naturellement de germes parce que vous l'avez pris à une grande hauteur, où la vie cesse ? Mais il y a sur les hauteurs des montagnes une foule

8.

de petits animaux qu'on appelle les puces des glaciers, et au-dessus encore, qui vous dit que la vie n'existe pas jusque dans les dernières couches de l'air, sous des conditions dont nous n'avons pas l'idée? Penseriez-vous avoir, dans cet espace fermé, détruit artificiellement tous les germes? Mais quel moyen est infaillible? Qui donc, il y a peu de temps encore, n'aurait pas affirmé qu'en portant une masse d'air à une énorme chaleur il avait tué toute vie? Et pourtant il aurait eu tort ; car il y a des animaux microscopiques, des rotifères, qui, après avoir été calcinés, recommencent à se mouvoir au contact d'une goutte d'eau. Pour que la vie se montre, il ne suffit pas qu'elle existe, il faut de plus qu'elle soit dans de certaines conditions, et l'on n'ose plus assurer qu'il ne manque pas quelqu'une de ces conditions, quand on songe à cette goutte d'eau. Ce qui est vrai des êtres vivants est vrai des germes : pour qu'ils se développent, il ne suffit pas qu'ils existent, il faut encore qu'ils soient dans de certaines conditions; et qui peut être sûr qu'il ne manque pas quelqu'une de ces conditions, quand il songe à quel point le principe de la vie est inconnu, à quel point ses opérations sont mystérieuses, à quel point on ignore le rôle que jouent dans cet ouvrage la chaleur, l'électricité, la lumière, les plus subtils agents de la nature? D'ailleurs, s'il était démontré qu'il n'y a pas *maintenant* de génération spontanée, aurait-on démontré par là qu'elle n'a pas existé autrefois ? Savons-nous quelle vigueur ont eue, dans la jeunesse de la terre, des forces tempérées et peut-être apprivoisées aujourd'hui ? Voilà les scrupules qui nous reviennent constamment pendant que l'on discute sur la génération spontanée, et qui nous empêchent d'être pleinement convaincus en aucun sens.

Sommes-nous pour ou contre la génération spontanée ? Ni pour ni contre ; nous sommes pour que la philosophie ne se mette d'aucun parti dans les sciences naturelles, qu'elle n'unisse son sort au sort d'aucune théorie physique. Nous savons que ce dégagement est difficile, car il semble qu'il y a une physique spiritualiste et religieuse, une physique matérialiste et athée, et quand on tient en philosophie pour une de ces doctrines, on est heureux de croire que les autres sciences viennent la confirmer ; mais nous pensons que c'est à tort : la physique n'est ni spiritualiste ni matérialiste, ni religieuse ni athée ; elle est la physique, c'est-à-dire une science d'observation qui recherche le véritable ordre de la nature.

Quel est cet ordre ? D'Alembert a écrit dans la préface de l'*Encyclopédie :* « L'univers, pour qui saurait l'embras- » ser d'un seul point de vue, ne serait, s'il est permis de » le dire, qu'un fait unique et une grande vérité. » Si le principe que d'Alembert exprime n'est pas un principe

d'une certitude mathématique, il faut du moins avouer
que c'est l'instinct de la raison humaine, le mobile de la
science et le stimulant des grandes découvertes. On sait
ce qui s'est passé dans l'astronomie, comment ont disparu
la diversité des mouvements célestes, l'armée des esprits
placés dans les astres pour les conduire, l'enchevêtrement
des cercles dans lesquels on faisait rouler les planètes ;
on sait comment cette énorme complication a été remplacée par la plus parfaite simplicité, et que là tout s'est
réduit à un fait unique et à une grande vérité. Ce que
l'astronomie a opéré, chaque science cherche à l'opérer
aussi ; chacune poursuit obstinément la simplicité, et n'a
ni contentement ni repos qu'elle ne l'ait atteinte. Ce que
chaque science tente pour son compte, la pensée qui les
considère ensemble le tente pour l'ensemble : elle désire
réduire les faits aux faits, les causes aux causes, les lois
aux lois ; or, il est certain que cet effort n'est pas produit
par une ambition chimérique, car le progrès des sciences
particulières et de la science générale est manifeste, et le
progrès dans ces connaissances se mesure par la simplicité
qui y a été obtenue. Donc, l'instinct de la raison et la réalité de l'expérience sont ici d'accord ; que nous devions
ou non saisir un jour l'unité que nous rêvons, toujours
est-il que nous ne pouvons nous empêcher de la rêver,
qu'il y a un idéal de la science, idéal que le savant pour-

suit et par lequel nous jugeons les conceptions scientifiques, comme il y a un idéal de la beauté, que l'artiste s'efforce de rendre, et par lequel nous jugeons les ouvrages de l'art.

Les savants dans les sciences naturelles contre qui le spiritualisme combat ne s'arrêtent pas en route : ils veulent d'abord que la nature ait d'elle-même le mouvement ; après le mouvement ils veulent qu'elle ait la vie, et quand elle a la vie, ils veulent qu'elle ait la pensée. M. Paul Janet argumente contre eux dans son volume du *Cerveau et de la Pensée* (1), et là nous avons le plaisir d'être d'accord avec lui. Nous lui soumettons les réflexions que son livre nous a suggérées. Nous aimons toujours à nous occuper de ce qu'il écrit : il a le sentiment des problèmes ; il ne surfait pas la vérité qu'il a ; il ne choisit pas une opinion pour plaire ; il n'a pas une vérité pour lui, une pour les autres ; il possède, et on ne se lasse pas de la goûter chez lui, la sincérité philosophique.

Le jour où un homme a senti que, sous l'influence de certaines boissons ou de la fièvre, sa tête s'échauffait et que sa pensée travaillait, il a senti aussi qu'il y avait un rapport entre le cerveau et la pensée, et il l'a cherché ;

(1) 1 volume (Germer Baillière).

cette recherche, une fois commencée, ne s'arrêtera plus: c'est la science. Elle est ici ce qu'elle est partout : tâchant de substituer à de vagues aperçus la clarté et la précision, sans viser à rien qu'à déterminer ce qui, en chaque chose, est vrai. Qu'il y ait, en ce moment même, une telle science, parfaitement désintéressée, qui aspire à déterminer la relation exacte entre la pensée et le cerveau, personne n'a le droit d'en douter, et personne non plus n'a le droit de lui défendre d'aller plus loin, ni de la combattre autrement qu'en refaisant mieux les observations et les expériences qu'elle a faites. M. Janet l'entend certainement ainsi ; nous le prions de le répéter sans cesse.

Mais il y a une autre science qui mérite moins d'égards. La première est dégagée de tout système philosophique, elle n'est ni spiritualiste ni matérialiste ; la seconde prend parti et couleur : elle est matérialiste ou spiritualiste, elle ne veut que des faits qui appuient sa thèse ; la première est modeste, elle n'affirme que ce qu'elle sait et a conscience qu'il lui reste encore infiniment à travailler ; la seconde affirme sans réserve : dès maintenant elle sait tout. Signalons pourtant une notable différence : il n'y a pas de science spiritualiste qui prétende que la pensée est entièrement indépendante du cerveau ; au contraire, la science matérialiste prétend que la pensée est en raison directe du cerveau, que le cerveau la produit, et que, dans cette fonction, il est ce qu'on appelle l'âme.

Quand on prend la question à sa plus grande hauteur, comme purement scientifique et indépendante du spiritualisme et du matérialisme, on ne saurait oublier la discussion si remarquable qui a eu lieu, au sein de la Société d'anthropologie (1), entre les docteurs Gratiolet et Broca, sur le volume et la forme du cerveau, suivant les individus et suivant les races. Le docteur Gratiolet était le savant qui a été si universellement regretté ; le docteur Broca est bien ce que dit M. Janet, « un esprit net, rigoureux, sans déclamation » ; l'accueil qui lui a été fait récemment par l'Académie de médecine et la Faculté de médecine de Paris montre quelle opinion on a de lui parmi ses confrères. Tout en se gardant des affirmations absolues, ils tendent, le premier à diminuer, le second à augmenter la dépendance de l'intelligence à l'égard du cerveau.

M. Janet rappelle cette discussion et s'y mêle en penchant vers la thèse de Gratiolet. Il ne s'en est pas tenu à ce document, et l'on trouvera dans son livre l'indication de nombreux travaux sérieusement consultés. Ce livre et le livre précédent sur le *Matérialisme contemporain* l'établissent, entre la philosophie et la physiologie, sur un

(1) *Bulletin de la Société d'anthropologie*, t. II.

terrain dont il devient de plus en plus maître. Si quelques physiologistes trouvaient étrange qu'un homme qui n'a pas fait les études qu'ils ont faites sur le corps humain intervienne dans une discussion où ces études sont perpétuellement en jeu, il y aurait à leur répondre qu'on ne se porte pas juge d'observations et d'expériences, qu'on leur laisse débattre entre confrères, mais qu'on assiste au débat, notant ce qui est contesté et ce qui ne l'est pas et que, certains faits étant admis, on se permet simplement d'en examiner la portée, grâce à la logique naturelle. M. Janet ne prétend rien de plus. Connaissance de la question, droiture de raison, grande sagacité, remarquable impartialité d'un libre esprit, il a ce qu'il faut pour obtenir partout de l'autorité.

Aidé par lui, nous dirons ce qui nous paraît clair dans ce sujet, et où il nous semble que l'obscurité commence. Le rapport entre le volume total du cerveau et l'intelligence est attesté par un fait important. En l'évaluant par son poids, les savants conviennent que, s'il est au-dessous de 1049 grammes chez l'homme et de 907 grammes chez la femme, l'intelligence disparaît. On peut varier sur ce chiffre minimum; toujours est-il qu'il y en a un. Le volume partiel du cerveau, c'est-à-dire le développement de la partie antérieure relativement à la partie postérieure, au cervelet, ce volume partiel exerce aussi une grande influence : tandis que le cervelet paraît être affecté à la coordination des mouvements, les lobes antérieurs paraissent être plus particulièrement affectés à l'intelligence. C'est par la distinction des fronts proéminents, larges ou fuyants, que Gratiolet avait distingué les races humaines en trois : caucasique, mongolique et éthiopienne, plus ou moins perfectibles.

Il est inévitable qu'une fois les premiers rapports aperçus entre le volume du cerveau et l'intelligence, on essaye de suivre ce rapport aussi loin que possible et de montrer que dans les individus il est constant. C'est ce que démontreraient des observations sur le développement cérébral d'un certain nombre d'idiots ou d'hommes de génie ; mais on conçoit aussi à quelles contestations ces faits donnent lieu. Pour qu'ils fussent décisifs, il faudrait être sûr : 1° que le crâne observé est authentique ; 2° qu'il est exactement mesuré ; 3° que l'individu auquel il a appartenu était réellement ce que l'on prétend qu'il était ; qu'il avait au juste tel ou tel degré d'intelligence et n'en avait pas plus qu'il n'en a montré, faute d'une occasion pour se produire. Que de choses à considérer et que de chances d'erreur ! Les erreurs n'ont pas manqué, et M. Janet en a cité d'assez ridicules : d'où il conclut qu'il est utile de n'avancer sur ce terrain qu'avec une extrême réserve.

Une raison encore de n'être pas rassuré sur la validité de ces observations, c'est que l'on mesure, c'est que l'on pèse ensemble les deux substances du cerveau, la substance grise et la substance blanche, dont l'une seule est active, l'autre lui servant d'appui, et que, pour bien faire, il faudrait peser et mesurer la première, qui seule importe. Du reste, volume total ou partiel, c'est toujours un volume ; or, à côté de cette considération, il y en a une autre, celle de la nature de la substance cérébrale. Il y a longtemps que dans sa *Physiologie de la pensée* (1), le docteur Lélut disait bien justement que ce qui importe dans le cerveau, c'est moins la quantité que la qualité ; il en est de cet organe comme des autres, du cerveau comme des muscles : ce ne sont pas les plus gros qui sont les plus forts. Une preuve que la qualité doit être extrêmement comptée, ce sont les changements qui surviennent dans un même cerveau lorsque, la masse restant évidemment invariable, il y survient un accident qui augmente ou diminue son énergie, les boissons excitantes, la fièvre, l'inflammation des membranes cérébrales, ou, au contraire, les boissons stupéfiantes et la congestion. Telle est aussi une lésion qui amène la folie. Dans tous ces cas, à égale quantité, la qualité du cerveau change, et l'intelligence avec elle.

(1) Deux vol. in-8 et in-18, Didier.

Si ce qui précède est vrai, voici, ce nous semble, la conséquence. Oui, telle nature et tel accident du cerveau suppriment ou altèrent l'intelligence ; oui, telle constitution ou tel accident du cerveau donnent à l'intelligence une grande énergie ; l'intelligence subit donc de certaines fatalités du cerveau, et un certain rapport entre les deux est incontestable ; mais si l'on veut préciser ce rappport, démontrer que les deux choses se suivent dans une exacte proportion, la démonstration nous paraît impossible. Qu'on accumule les exemples où la force de l'intelligence correspond au volume du cerveau et qu'on invente des moyens sûrs de mesurer ce volume, quand cela sera fait, rien ne sera fait, car à la mesure de la quantité il faudrait ajouter la mesure de la qualité, et c'est le secret de la nature.

La philosophie spiritualiste n'a donc rien à craindre d'une physiologie purement scientifique ; quant à elle, elle n'est pas arrêtée, comme la physiologie : elle a des raisons qui sont à elle pour affirmer que l'âme n'est pas le cerveau. D'abord, la pensée n'est pas un mouvement; elle n'est pas un déplacement dans l'espace. Quand même elle se produirait après un ébranlement du cerveau, elle resterait ce qu'elle est: un acte intérieur, dont l'idée, dont la définition n'a rien à voir avec l'idée d'étendue. Puis, j'ai conscience d'être un seul être ; par conséquent, si je tiens de quelque façon au cerveau, j'y tiens comme l'élément unique, indivisible, pour qui tout le reste n'est qu'un appareil par lequel il agit. Enfin, quelle que soit la disposition de mon intelligence, vive ou lente, du moment qu'elle existe et qu'elle est saine, comme il dépend de moi de travailler, il dépend de moi de la fortifier ou de l'affaiblir ; d'ailleurs, si souvent elle est blessée ou guérie par des causes physiques, souvent aussi elle est blessée ou guérie par d'autres causes : une pensée immatérielle est capable de bouleverser ou de rétablir ma raison. Mais cette simple pensée fait plus : elle peut, à son tour, foudroyer le cerveau. Laissons donc les physiologistes poursuivre (ils le doivent) le rapport entre le cerveau et l'intelligence : ils ne feront, après tout, que confirmer ce que sait le premier venu qui a mal à la tête pour avoir réfléchi, et, du reste, soyons en paix. S'il est vrai que le cerveau agit sur l'intelligence, il est également vrai que l'intelligence agit sur elle-même et qu'elle agit sur le cerveau ; il n'y a donc pas entre eux le rapport de cause à effet, mais de puissance à puissance, associées.

M. Janet a écrit dans cette disposition d'esprit ; aussi il a fait un livre de large discussion scientifique, où tout le monde trouvera à profiter.

Nous n'avons pas disputé contre les sciences naturelles, pour leur ôter ce qui est à elles ; en revanche, nous leur demanderons de ne pas nous ôter ce qui est à nous. Un certain nombre de leurs savants, et il y en a, parmi eux, qui ont la plus grande autorité, ces savants croient qu'on ne peut connaître que les causes secondes, c'est-à-dire les circonstances qui déterminent la production d'un phénomène, et qu'on ne peut pas connaître les causes premières, c'est-à-dire la nature de l'agent par qui le phénomène est produit. Ainsi nous savons comment on provoque la chaleur, l'électricité, etc., mais nous ignorons ce que c'est que la chaleur et l'électrité ; ainsi encore nous savons ce qui est nécessaire pour que la vie se produise, mais la vie elle-même nous échappe. Une fois qu'ils ont séparé de cette manière l'accessible et l'inaccessible, ces savants nous recommandent de nous en tenir à la recherche des causes secondes, la seule fructueuse, et de négliger la recherche des causes premières, où l'esprit s'égare ; au nombre de ces causes premières, ils mettent l'âme.

En ce qui regarde leur science, nous n'avons rien à leur dire : ils sont meilleurs juges que nous de ce qui, là, leur paraît clair ou obscur ; nous irons plus loin, et si nous nous permettons d'avoir une opinion sur ces matières étrangères, d'après ce que nous avons vu des sciences physiques, il nous semble que la distinction qu'ils font entre les deux espèces de causes est juste, et que la prudence qu'ils recommandent est légitime; mais cela nous est indifférent; et nous leur proposons un traité raisonnable : laissons-les maîtres chez eux, pourvu qu'ils nous laissent maîtres chez nous. Ils ont beau dire, il n'en est pas du principe de la pensée comme du principe des phénomènes électriques, par exemple. Lorsque j'étudie les phénomènes électriques, je leur suppose une cause que j'appelle l'électricité, et je la connais si peu que je cherche s'il y a deux électricités ou s'il n'y en a qu'une; mais lorsque je pense, lorsque je veux, je ne suppose pas une cause à cette pensée, à cette volonté; je n'hésite pas s'il y en a une ou plusieurs : cette cause, c'est moi, c'est moi seul; je puis ignorer tout, excepté cela. Par conséquent, il est faux que l'esprit humain soit condamné à ne connaître que des faits et des lois. Quand même toutes les causes qui agissent dans l'univers se déroberaient à lui, il en est une qui lui est nécessairement présente, c'est lui-même. Et qu'on ne dise pas qu'il ne sait ce qu'il est, car, en ayant conscience de moi, j'ai conscience d'un moi unique, par conséquent d'un être simple ; M. Janet a retracé fermement ces vérités. Maintenons donc invariablement cette différence essentielle : les sciences physiques connaissent des faits et en ignorent la cause, ou elles la cherchent; la philosophie connaît des faits et leur cause en même temps, l'une avec l'autre, l'une dans l'autre; elle ne cherche pas, elle ne devine pas la cause, elle la voit. En résumé, du côté de la physiologie tout est obscur, du côté de la philosophie tout est clair. Permettons aux naturalistes d'ignorer ce qu'ils ignorent, et qu'ils nous permettent, à leur tour, de savoir ce que nous savons; qu'ils nous laissent être spiritualistes, puisque nous atteignons l'âme; nous nous engageons à ne pas les appeler matérialistes, parce qu'ils n'arrivent pas jusque-là. Au surplus, n'est pas spiritualiste ou matérialiste qui croit ou qui prétend l'être, et, pour dire toute notre pensée, il nous semble qu'il n'y a de spiritualistes et de matérialistes qu'en action. Celui qui ne songe qu'à vivre et à jouir, à vivre de la vie du corps et à jouir des plaisirs du corps, celui-là est un matérialiste, quand même il affirmerait que la matière et l'esprit sont absolument contraires, et que lui il est un esprit; mais celui qui recherche les biens de l'âme, la vérité, l'amour et la justice, celui-là est un spiritualiste, quand même il professerait que l'esprit est un mot. Sans doute il est inconséquent, et cela est regrettable; sans doute aussi il risque d'avoir des disciples plus conséquents, qui mettront leur conduite d'accord avec leur croyance; on fait bien de le rappeler à la raison et à la logique; nous demandons seulement qu'on ne l'appelle pas matérialiste, car ce serait injuste. Accomplissons notre devoir avec fermeté et en même temps avec un grand ménagement pour nos adversaires : si l'on est répréhensible pour s'être trompé, on est respectable pour avoir cherché. Quelle pitié de voir des gens qui croient que tout est vanité, excepté le plaisir et la fortune, instrument du plaisir ; quelle pitié, dis-je, de voir ces gens traiter de matérialiste un pauvre savant, un courageux philosophe qui traverse ce monde à la poursuite d'un bien invisible et qui a été déçu par l'expérience trompeuse ou s'est égaré dans ses méditations !

Je conclus sur ces prédilections que les spiritualistes marquent trop pour de certaines opinions de sciences naturelles. Nous ignorons ce que c'est que la matière, ce que c'est que les forces qui l'animent, pourquoi les corps ont des propriétés différentes, si ces propriétés leur sont indissolublement unies ou si elles dépendent seulement de la forme que les molécules prennent en se groupant ; nul n'oserait dire tout ce que peuvent faire les puissances de la nature, soit par une énergie soudaine, soit par une longue action, ni affirmer qu'elles ont toujours été et seront toujours rien de plus, rien de moins que ce qu'elles sont à cette heure. Or, quand la physique est si peu constituée, n'est-il pas imprudent de contracter avec elle une alliance trop étroite, et d'attacher sa propre destinée à la destinée de telle ou telle théorie sur laquelle l'avenir prononcera ? Il en a mal pris à la théologie de se déclarer

pour l'immobilité de la terre ; gardons-nous de tomber
dans une pareille faute. La philosophie a assez de ses révolutions intérieures sans s'exposer encore à subir les
révolutions extérieures, que les sciences lui enverraient
toutes faites et où elle ne pourrait rien. Elle a ses certi-
tudes, qu'elle aura raison de ne pas aventurer : ainsi je
sais que j'existe, que je suis un esprit, je le sais en fer-
mant les yeux, et, dès que je les ouvre, je sais que Dieu
existe, car l'harmonie de la nature et l'intelligence qui
l'a conçue éclatent de toutes parts ; au contraire, quel
danger de jeter ces vérités dans le conflit des hypothèses
scientifiques ! Que la matière soit dans son fond un atome
ou une force, qu'un corps diffère des autres essentiellement ou par accident, par le groupement de ses parties,
que la matière soit indifférente au mouvement et au repos ou qu'elle tende constamment à se mouvoir, que l'attraction soit une vertu active ou une impulsion méca-
nique, que l'affinité soit ou non un cas de l'attraction et
la vie un cas de l'affinité, que la vie renaisse sans fin
d'elle-même ou qu'elle naisse nouvelle dans des circonstances déterminées, la philosophie est libre sur ces questions, elle est prête à accepter le monde que la science lui
donnera, pourvu que ce soit un monde, c'est-à-dire
quelque chose d'ordonné ; plus il y paraîtra de simplicité,
plus la philosophie se réjouira et rapportera cet ouvrage

à Dieu avec assurance. Tout le reste lui est indifférent; aussi nous sommes convaincu qu'elle ferait bien de s'en désintéresser, et nous osons lui dire : « Philosophie, garde-toi de la physique! »

Nous tenons d'autant plus à dégager la croyance à Dieu des opinions controversées dans les sciences naturelles, que la philosophie spiritualiste, sans sortir de chez elle, de l'ordre des questions purement philosophiques, montre déjà des exigences qui nous paraissent excessives; à son sens, la croyance à Dieu appelle un certain nombre d'idées accessoires, et elle exige que nous souscrivions au tout ensemble, au risque de rendre l'orthodoxie trop difficile. Je trouve cette disposition chez mon excellent confrère M. Franck, particulièrement accusée dans son livre : *Religion et philosophie* (1). C'est bien là un spiritualiste à qui l'on a affaire. A l'ardeur avec laquelle il défend le spiritualisme, on sent que ce n'est pas pour lui une thèse d'école, mais une conviction absolue. On pourrait discuter froidement, si le matérialisme n'était qu'un mal de l'esprit, on ne le peut plus si c'est un mal qui attaque l'âme même. Or il en est ainsi : le matérialisme abaisse l'homme, le spiritualisme le relève; le matérialisme isole et désole, le spiritualisme nous donne ce qu'il y a de meilleur au monde, l'union dans la

(1) Lévy, 1 vol. in-8.

vie et la confiance de se retrouver après la mort ; cette affection et cette espérance sont souvent toute notre fortune : elles embellissent les jours heureux et, quand le malheur est venu, elles veillent près de notre foyer.

Nous sommes d'accord sur l'essentiel ; voici où nous nous séparons : il n'admet pas que l'on croie réellement à Dieu, si l'on ne croit au Dieu créateur ; c'est exiger trop. Entendons-nous. L'esprit humain ne se contente pas de connaître que Dieu existe et que le monde existe par lui, il veut encore connaître le secret de cette origine, et les explications qu'il tente reviennent à deux principales : Dieu a fait le monde de rien, ou bien il a fait le monde de sa propre substance ; ce sont les doctrines de la création et de l'émanation. On ne saurait se cacher les difficultés inhérentes à ces doctrines. On ne conçoit pas comment Dieu aliène une portion de son être pour en faire un autre être, mais on ne comprend pas non plus comment il est possible que par la volonté, même la plus puissante, ce qui n'existait pas commence d'exister. La doctrine de la création paraît moins dangereuse que l'autre, elle garde mieux la distance entre le monde et Dieu, et nous concevons qu'à ce titre on la préfère, mais la doctrine de l'émanation répond à un instinct bien fort de la raison humaine, qui veut ramener toutes choses à l'unité, et l'histoire de la philosophie la reproduit perpé-

tuellement dans les systèmes des plus grands esprits. Il
ne nous paraît donc pas que la doctrine de la création soit
assez claire, assez certaine, pour être mise au même rang
que l'existence de Dieu, ni qu'il soit utile d'enchaîner
ensemble ces deux vérités, en sorte que l'une apporte
l'autre ou l'emporte. Nous admettons comme théiste quiconque professe qu'il l'est, quand même il adopterait
quelque opinion particulière qui, poussée à la rigueur,
risquerait de le mettre en contradiction avec lui-même;
autre chose est la conscience, autre chose est la logique;
on croit à Dieu quand on croit y croire, on n'est pas
athée malgré soi. Voyez le danger d'attacher si étroitement la croyance en Dieu à telle ou telle opinion particulière, fût-elle la plus respectable. Chacun a son opinion
préférée : pour M. Franck, c'est la création, pour d'autres
c'est une autre, pour le P. Gratry, c'est la croyance aux
miracles. Selon lui, le surnaturel, « c'est (1) tout ce qui
dépasse les forces de la nature créée..... Dès lors, Dieu
étant créé, si Dieu existe, le surnaturel est donné. » Et
ailleurs : « La négation du surnaturel est identique avec
l'athéisme. » Voici encore des hommes qui prétendent.
que quiconque n'est pas catholique est athée; et il ne
suffit pas à tous que l'on soit catholique, quelques-uns
exigent qu'on le soit d'une certaine façon; c'est ainsi que

(1) *Les sophistes et la critique*, t. I, p. 12 (Douniol et Lecoffre).

le **P.** Hardouin découvre des athées à l'infini, parmi lesquels Pascal. Les naturalistes s'en mêlent : ils déclarent athée quiconque croit à la génération spontanée ou à l'unité de plan des êtres organisés ou à la variation des espèces. Hélas ! à la rigueur qu'on met dans ces affaires, qui n'est pas en danger d'être athée par quelque endroit ?

Si l'on tient plus ou autant à l'existence des miracles qu'à l'existence de Dieu, je conçois que l'on identifie les deux causes ; mais ceux qui tiennent plus à Dieu qu'aux miracles, et il y en a, regretteront qu'on mette sur le même rang deux opinions de valeur inégale ; que, pour assurer l'existence des miracles, on compromette l'existence de Dieu. Je suis effrayé de voir combien il y a d'opinions religieuses, philosophiques, scientifiques qui soutiennent que, si l'on refuse de les admettre, on va tout droit à nier Dieu ; chacun s'occupe ainsi de faire des athées, et ce n'est pas leur faute s'ils n'y réussissent pas. Franchement, qui espère-t-on convaincre ainsi ? Si la conséquence où l'on prétend pousser un homme était immédiate, il reculerait, de crainte d'y tomber, mais cette conséquence est toujours assez éloignée pour qu'il ait chance de s'échapper dans le chemin, et comptez qu'il trouvera toujours un raisonnement pour cela. Il me semble qu'il n'est pas bon de proposer trop souvent aux esprits

des choix pareils, de les habituer à considérer de sang-
froid de tels partis; on les familiarise avec l'idée de
l'athéisme. Il faudrait, ce nous semble, dans nos discus-
sions, placer la croyance à Dieu à part, en lieu sûr, hors
de toute atteinte, ne pas la mettre en proie à tous les
adversaires, comme un champ de combat, que les uns
abandonnent après les autres et que tout le monde foule.
Établissez la certitude de votre religion sans vouloir que
la moitié du genre humain soit athée; discutez la physique en physiciens, l'histoire naturelle en naturalistes, et
du reste soyez tranquilles; ne vous occupez que de chercher la vérité: quelle qu'elle soit, Dieu n'aura point à en
souffrir. Ah! sans doute, si vous découvrez qu'il n'y a pas
d'ordre dans l'univers, vous perdez un témoignage bien
fort de l'existence de Dieu, le témoignage de la nature
extérieure, et vous serez réduit au témoignage de la conscience, qui d'ailleurs suffit; mais si vous découvrez un
ordre, et l'on vous défie de ne pas le découvrir, c'est Dieu
qui l'a fait, et l'ordre qui est le plus simple est aussi le
plus divin. De même, que les théologiens et les philosophes travaillent en paix, celui-là est près de Dieu qui
cherche la vérité avec un esprit sincère et un cœur pur.
Heureux qui le possède certainement, et ensuite heureux
qui le désire, qui, tourné vers lui, le prie de percer son
nuage et de se montrer.

VII

CONCLUSION. LIBERTÉ ET TOLÉRANCE.

La conclusion de ce livre est évidente, il encourage la philosophie à prendre une pleine liberté. Qu'elle observe autour d'elle l'état des esprits, si elle veut avoir accès et crédit auprès d'eux, elle reconnaîtra que c'est le seul parti à prendre. Elle n'a qu'à se laisser avertir par la faveur certaine qu'obtient la critique. On parle beaucoup de la critique dans notre temps ; quelques-uns même sont prêts à croire qu'elle y est née. Ils se trompent : la critique n'est pas nouvelle ; ce n'est pas d'aujourd'hui qu'on a eu l'idée de vérifier des faits, d'examiner la réalité et la valeur des témoignages ; l'érudition française, pour ne parler que de celle-là, ne nous a pas attendus pour faire ses preuves en ce genre ; mais ce qui est vrai, c'est qu'après Kant, Wolf et les exégètes allemands, la critique ne pouvait pas être ce qu'elle était avant eux. Elle avait osé mettre en doute la véracité de l'esprit humain, l'unité de l'*Iliade* et l'existence d'Homère, nier l'authenticité de parties considérables de l'Ancien et du Nouveau Testa-

ment, enlever à Moïse des livres qu'on lui attribue, dé-
faire et refaire la vie de Jésus ; pour appuyer ces audaces,
elle avait employé la méthode d'examen à toute rigueur.
A vrai dire, elle n'a été entièrement elle-même que lorsqu'elle a pris son entière liberté ; au point où elle est
maintenant, on peut la définir un instrument de précision
qui s'applique à tout. On comprend la curiosité que ses
travaux excitent et l'autorité qu'ils obtiennent ; quelque
opinion qu'on doive se former plus tard sur un sujet,
on tient à connaître ce qu'elle pense là-dessus, et elle est
une puissance avec qui l'on compte.

Le tempérament de la France est en train de changer.
Nous rappelons ce qu'il est en quelques mots. Il y a chez
nous, à chaque époque, un ensemble de croyances qui
s'impose avec une force singulière : il se compose de vérités humaines et de vérités convenues, qui essaient de
s'identifier avec celles-là, de se faire passer pour éter-
nelles et universelles. On tient sans doute aux premières,
mais on se rassure en pensant qu'elles se défendent toutes
seules ; nous n'en prenons pas de souci, sachant qu'elles
ne peuvent pas périr ; quant aux autres, malgré les airs
que nous affectons, nous sommes moins rassurés ; aussi,
dès qu'on les atteint si peu que ce soit, nous jetons les
hauts cris.

Lorsqu'on recommanda à Louis XIV un personnage

pour lequel on sollicitait la faveur royale, il le repoussa comme janséniste. « Lui, janséniste ! Sire ; il ne croit seulement pas en Dieu ! — Ah ! c'est différent. » La société française est comme Louis XIV. Nous livrons la morale, pourvu que l'on respecte nos mœurs ; nous consentons que l'on donne la plus injuste origine à la société, parce que dans cet anathème commun on n'atteint pas nommément l'une quelconque de nos distinctions sociales. Dites que la propriété est un vol ; mais, s'il vous plaît, pas de nouvel impôt. Un gouvernement existant ne se fâche point contre quelqu'un qui proscrit tout gouvernement : une légère opposition lui est autrement importune ; il est même assez flatté si, dans la proscription générale, on lui reconnaît quelque mérite que les autres n'ont pas, et il y a telle métaphysique qui est de la plus fine politique. En somme, celui qui désire vivre tranquille fait bien de ne toucher à rien ; s'il est décidé à se compromettre, eh bien ! qu'il s'attaque aux principes certains ; mais, s'il s'attaque aux autres, qu'il renonce à la paix pour le reste de ses jours.

Peu d'entre nous s'y exposent. La sagesse de la nation dit à chacun de nous : « Il faut être comme tout le monde ; » et quand on a entendu répéter cela depuis sa plus tendre enfance, on s'accoutume aisément à croire qu'à l'extérieur et à l'intérieur, dans nos sentiments et nos pensées comme dans nos vêtements, nous devons nous soumettre à la règle établie, et que le but de la vie est de réaliser autant que possible en nous le Français irréprochable. Ce respect de l'opinion s'impose encore plus quand on désire quelque distinction publique. Or, y a-t-il beaucoup de Français qui ne désirent pas quelqu'une de ces distinctions? Qui de nous n'est pas candidat? Mais, même sans cela, nous sommes si sociables que nous cherchons naturellement à nous mettre en harmonie avec ceux qui nous entourent, et que, pour ne pas les blesser, nous émoussons bien des angles de notre esprit, c'est-à-dire que nous retranchons de nos opinions précisément ce qu'il y a de nous.

Voilà bien, ce nous semble, comment les choses se passent d'ordinaire. Oui, mais tant de concessions n'ont pas lieu sans qu'on s'avoue intérieurement qu'elles ont à la fin quelque danger, et que la vérité peut souffrir de ces ménagements infinis. De là, chez plus d'un esprit sincère, un secret plaisir, quand d'autres font ce qu'il ne fait pas, et, pensant hardiment, osent dire tout ce qu'ils pensent. Aux esprits sincères se sont joints les esprits que la nouveauté amuse, et le succès est aux témérités. Il y a même à faire une remarque importante, c'est que, si l'on se permet d'être hardi, il ne faut pas l'être une seule fois, mais toujours. Une hardiesse unique s'attache au souvenir d'un homme et marque son nom ; s'il s'en permet plusieurs, l'une couvre l'autre, et toutes ensemble caractérisent un esprit original ; nous en connaissons à qui cette tactique a valu la réputation d'hommes forts, qui est le plus bel éloge auquel un écrivain puisse aspirer. Dans ce temps positif, tout ce qui n'est qu'un principe est discutable, et un auteur ne peut guère se déconsidérer que par une erreur de géographie.

Grâce à Dieu, il y a encore ici des hommes qui écrivent naïvement, sans songer à étonner le public et à le gagner par là. Nous ne nous engageons pas, il s'en faut, à approuver toutes leurs opinions ; mais ils ont donné un bon exemple : après eux, on regardera la vérité plus en face.

Une erreur de la philosophie, celle qu'assurément on songe le moins à lui reprocher, c'est d'être trop humble, de ne pas se représenter suffisamment la place qu'elle tient dans le monde. On ne compte d'ordinaire comme philosophes que ceux qui écrivent ; on a tort : il y en a qui n'écrivent pas, mais qui pensent. Ce sont ceux qui ne croient pas aux religions existantes, ceux qui, de ces religions, admettant une chose en rejettent une autre, ou, sans la rejeter, la négligent, soit qu'ils le déclarent expressément ou qu'ils se contentent d'en convenir avec eux-mêmes, comme on le pratique généralement en France, ce qui fait que dans une religion il y a bien des

religions; puis, la philosophie ne pénètre pas seulement
les fidèles, elle pénètre même les doctrines; elle y introduit certaines idées avec le temps, elle les met en harmonie avec la société qui les entoure. La philosophie n'est
donc pas telle école ou tel ensemble d'écoles; elle est la
libre raison ; elle n'est pas une profession et elle est partout où il y a une pensée libre. La philosophie, sous un
certain aspect, est une science spéciale, qui a sa méthode
et sa langue spéciales; sous un autre aspect, la philosophie
est simplement la raison naturelle cultivée; elle est la
doctrine sans nom, qui circule à travers les doctrines religieuses, philosophiques, politiques d'un pays et qui
empêche les esprits d'y entrer, ou les en fait sortir, ou
les maintient, s'ils y restent, dans une certaine indépendance. Prise dans ce dernier sens, elle n'est pas si peu
de chose. Or, cette philosophie respirable ne naît pas de
rien : elle est formée des pensées les plus justes des philosophes qui, étudiant l'homme, découvrent de mieux en
mieux sa vraie nature, à laquelle toutes les doctrines et
toutes les institutions doivent se conformer sous peine d'être
vaines.

Si la philosophie, dans son sens le plus général, n'est
que l'usage de la raison, dont on se sert, comme on se
sert de ses yeux pour voir, on ne saurait admettre qu'il
y ait de forts esprits qui divisent le genre humain en deux

classes, le petit nombre (ils s'y mettent), qui est capable
de philosophie, et le reste, qui en est incapable. Pourtant
il s'en trouve, et on les reconnaît sous leurs différents
airs. Voici d'abord ceux qui prétendent pouvoir écrire
tout ce qu'ils pensent sans danger pour personne. Il
semble qu'on les entend : « Parlons entre nous à notre
» aise; le vulgaire ne songera pas à nous écouter, et s'il
» nous écoutait, il ne nous comprendrait pas. » Sur cette
assurance, on se passe sans scrupule toutes les hardiesses,
et on a l'agrément de se donner des licences de bonne
compagnie, sans crainte d'être gêné par les indiscrets.
Pour nous, nous ne croyons pas qu'ils soient si inoffen-
sifs. Il n'est pas si facile de déterminer où commence le
vulgaire, qu'à chaque étage on rejette à l'étage inférieur ;
et puis, ce vulgaire ne serait-il pas plus intelligent qu'on
ne se l'imagine ? Il n'est pas impossible qu'il ait son petit
jugement, qu'il observe, qu'il écoute, qu'il s'aperçoive
que chez des gens instruits on met en doute des choses
tenues ailleurs pour certaines, et que cela lui donne à
réfléchir.

Tandis que cette espèce de libres penseurs se croit sans
pouvoir, une autre a une telle idée de son importance
qu'elle dissimule ou contrefait son opinion. Elle professe
la maxime superbe qu'il faut une religion pour le peuple,
et elle se compose, afin de faire impression sur lui. Vrai-

ment, ils semblent trop présumer d'eux-mêmes. Ils ne se le sont pas dit ; mais il ne suffirait pas qu'ils se tinssent à l'écart de la religion pour qu'aussitôt tout le peuple la désertât, et ils s'attribuent une autorité bien grande en supposant qu'il leur suffit de marquer leur bienveillance à la religion pour arrêter le travail des intelligences qui fermentent, et anéantir les doutes et les révoltes. Qu'ils en soient bien convaincus, ceux qu'ils veulent édifier ainsi ne sont pas si aisés à séduire : ils percent le mystère des attitudes ; il faut donc quelque chose de plus pour faire de l'effet sur eux : ce n'est pas assez de se taire, il faut parler ; ce n'est pas assez de parler vaguement, il faut parler nettement ; ce n'est pas assez de parler nettement, il faut agir et se perdre dans votre esprit ou dans le leur.

Une seule chose les justifierait, c'est le principe que tout ordre existant est sacré? Mais ce principe condamne les premiers apôtres du christianisme, qui ruinaient une religion existante, et il faut l'appliquer à l'ordre politique, comme à l'ordre religieux, enfin à tout ce qui est, quelque part que ce soit. Lorsque les philosophes du XVIIIe siècle, lorsque Voltaire, Rousseau, Montesquieu attaquaient le droit divin de la royauté et l'inégalité des classes, on les réprimandait certainement : « Que faites-vous? Vous ébranlez » la base de la royauté ; vous déchaînez les ambitions

» des individus et bouleversez pour toujours les sociétés.
» Quand vous aurez détruit l'ancien monde, que mettrez-
» vous à la place? » — « Le nouveau. »

La philosophie que nous aimons ne divise pas les hommes en aristocratie et en peuple; en aristocratie, qui est faite pour la vérité, et en peuple, qui est fait pour l'apparence; elle professe que la vérité est pour tout le monde, et elle la cherche, prenant la devise de dire ce qu'on pense et de penser ce qu'on dit, accordant aux autres ce qu'elle demande qu'on lui accorde à elle-même, le respect de la sincérité.

De toutes les pages qui précèdent, nous avons à tirer une dernière conclusion. En revendiquant la liberté pour nous, nous la donnons aux autres, et le respect de la liberté réciproque, c'est la tolérance. Opinion religieuse, opinion philosophique, opinion politique, etc., nous admettons difficilement qu'un homme en ait une autre que celle que nous avons, ni qu'il en change quand il ne prend pas la nôtre. Pourtant, que cela est injuste! Comment lui imposer un état d'esprit qui est l'ouvrage délicat de la nature et des années? et comment lui défendre de quitter la croyance qu'il n'a plus pour prendre celle qui lui est venue, soit qu'elle le rapproche de nous ou l'en éloigne? On ne commande pas à ces révolutions; nul n'est le maître de ces mouvements puissants; nul que Dieu ne conduit le vent qui emporte un esprit des extrémités d'une croyance aux extrémités d'une autre croyance; pour nous, lorsque nous voyons passer cet esprit, de quelque point qu'il parte et à quelque point qu'il aille, qu'il soit jeté de la philosophie dans la religion, ou de la religion dans la philosophie, qu'il aille, en politique, du parti de l'autorité au parti de la liberté ou au contraire, nous le saluons au passage et lui souhaitons que là où il va il trouve le repos; nous ne demandons pas aux hommes de ne pas changer, mais d'être sincères quand ils changent; nous ne haïssons que l'hypocrisie, et en comprenant les mille raisons qui empêchent souvent quelqu'un de déclarer les changements opérés en lui, nous demandons une indulgence particulière pour celui qui croit la vérité une si grande chose et la découverte de la vérité un si grand bien que, lorsqu'il l'a vue, il est impatient de la professer devant l'univers. S'il n'y avait pas eu, il y a dix-huit cents ans, quelques esprits de cette trempe, le monde serait encore païen.

FIN.

Paris. — Imprimerie de E. MARTINET, rue Mignon, 2

www.ingramcontent.com/pod-product-compliance
Ingram Content Group UK Ltd.
Pitfield, Milton Keynes, MK11 3LW, UK
UKHW021910070726
13613UKWH00001B/436